公共经济与公共管理评论

PUBLIC ECONOMICS & ADMINISTRATION REVIEW

2019年卷

浙江财经大学东方学院公共经济管理研究所 编

经济管理出版社
ECONOMY & MANAGEMENT PUBLISHING HOUSE

图书在版编目（CIP）数据

公共经济与公共管理评论.2019年卷/浙江财经大学东方学院公共经济管理研究所编.—北京：经济管理出版社，2020.12
ISBN 978-7-5096-7119-1

Ⅰ.①公… Ⅱ.①浙… Ⅲ.①公共经济学—文集 ②公共管理—文集 Ⅳ.①F062.6-53 ②D035-53

中国版本图书馆 CIP 数据核字（2020）第 272080 号

组稿编辑：张莉琼
责任编辑：张莉琼
责任印制：黄章平
责任校对：董杉珊

出版发行：经济管理出版社
　　　　　（北京市海淀区北蜂窝 8 号中雅大厦 A 座 11 层　100038）
网　　　址：www.E-mp.com.cn
电　　　话：（010）51915602
印　　　刷：唐山昊达印刷有限公司
经　　　销：新华书店
开　　　本：787mm×1092mm/16
印　　　张：12.75
字　　　数：216 千字
版　　　次：2020 年 12 月第 1 版　　2020 年 12 月第 1 次印刷
书　　　号：ISBN 978-7-5096-7119-1
定　　　价：68.00 元

目　录

自选择、自我雇佣收入及性别差异

——以外来务工人员为例

黄志岭　叶　宁[*]

摘　要　本文采用全国外来务工人员调查数据，研究农民工自我雇佣收入的性别差异及其原因。研究发现，农民工自我雇佣部门收入要高于工资部门，但性别间自我雇佣收入差距要高于工资部门。在纠正样本选择偏差的基础上，采用 Cotton 分解方法发现，在自我雇佣部门存在显著的性别歧视，而且歧视程度要高于工资部门，这在某种程度上表明女性更为看重自我雇佣的非经济特征。最后，本文也揭示了这些结论的政策含义。

关键词　自我雇佣；性别差异；农民工

一、引　言

20 世纪 80 年代初期的农村家庭承包制的实施，大大提高了农村劳动生产率，大量剩余劳动力解放出来，这是农村劳动力向城镇迁移的推力；与此同时，中国城镇偏向的发展战略，加速城镇地区经济发展，城乡收入差距不断扩大，城镇地区创造出大量非农就业岗位，这是农村劳动力向城镇迁移的拉力。各种严格限制劳动力流动的制度逐渐废除，导致大量农村劳动力向城市转移，据国家统计局统计监测调查，2013 年全国农民工总量达 2.69 亿人。但是我们也看到中国劳动力市场还不够完善，以户籍为

基金项目：本文得到浙江省社科规划课题（14NDJC098YB）、国家哲学社会科学基金青年项目（15CJY021）、浙江省哲学社会科学重点研究基地重点课题（15JDLB02Z）和浙江大学劳动保障与社会政策研究中心的资助。

＊　作者简介：黄志岭，浙江财经大学东方学院教授，邮政编码：310018，邮箱：zhilinghuang@163.com。叶宁，浙江财经大学财政与税务学院讲师。

特征的城乡劳动力市场分割依然存在，导致农民工在城镇劳动力市场上仍然处于弱势地位，在工资、社会福利待遇及就业类型上与城镇本地劳动力均存在显著差异，引起人们普遍关注。

在我们关注到城镇职工与农民工之间存在差异的同时，关注到农民工内部也存在很多差异和分层，其中的性别间收入差异是一个相对被忽视的问题。农民工性别间收入差异体现在工资部门和自我雇佣部门。近年来，对于农民工工资部门的性别收入差距的实证研究逐渐增多。Liu 等（2000）采用 Oaxaca – Blinder 分解方法，重点考察市场化对歧视的影响[①]。通过对比不同所有制下的性别歧视程度，得出市场化降低性别歧视的结论。黄志岭（2010）、李实和杨修娜（2010）分别采用 CHIP 2002 数据和北京师范大学与澳大利亚国立大学联合课题组于 2008 年在我国 15 个城市获取的农民工调查数据，两者分别采用 Brown 和 Oaxaca – Blinder 分解方法，发现性别间工资收入差异 80% 左右是由歧视等不可解释部分所造成。张琼（2013）采用 2010 年在珠江三角洲和长江三角洲等地调查的农民工数据，采用 Oaxaca – Blinder 分解方法，发现性别间不可解释部分占总收入的 3/4 左右。

我们可以发现，上述研究均表明在农民工内部存在较为严重的性别工资歧视。相对而言，农民工性别间在自我雇佣收入差异上的问题一直被忽视，就笔者所掌握的文献来看，当前的文献只是将农民工作为一个群体来研究自我雇佣收入问题，尚未就农民工内部的性别间自我雇佣收入差异问题进行研究。本文借鉴国外相关研究方法，将其应用于农民工性别自我雇佣收入差异问题，试图弥补这方面的空白。相对于以往的研究，本文的贡献主要体现在两个方面：①在估计收入方程时，考虑自选择问题，纠正自选择偏差，同时在收入分解时考虑权重问题，使结果更加可靠；②首次将研究对象扩展至性别间的自我雇佣收入差距。

二、农民工性别就业、收入及特征差异

本文使用的数据来自北京师范大学与澳大利亚国立大学联合课题组在 2007 年进行的全国外来务工人员调查数据（CHIP 2007 年）。调查样本包

---

① Liu, P. W., Meng, X. and Zhang, J. Sectoral Gender Wage Differentials and Discrimination in the Transitional Chinese Economy [J]. Journal of Population Economics, 2000, 13 (2): 331 –352.

括上海、江苏、浙江、安徽、河南、湖北、广东、重庆和四川 9 个省份，覆盖 15 个城市，样本共有 5000 个流动人口住户。数据提供个体受教育程度、年龄、就业类型、收入及家庭特征等丰富信息。本文研究的是性别间就业、收入差异问题，因此样本筛选方面做了如下规定：首先，年龄介于 16~65 岁；其次，由于本文要引进家庭特征变量，如家中幼小子女个数及老人个数等对个体就业类型和收入的影响，因此只选择在调查问卷中"与户主关系"一栏中回答为"户主本人"或"配偶"的样本；再次，由于本文只关注个体在两种就业类型的选择和收入问题，因此只选择在调查问卷中"您目前的主要工作是自我经营还是工资性工作"一栏中回答为"自我经营"或"工资性工作"的群体，而且为了去掉兼职样本（指既从事自我雇佣又从事工资性工作的群体），删去了"在除当前主要工作外，您是否有其他兼职工作"一栏中选项为"是"的样本；最后，由于从事自我雇佣群体初始投入资金大于 20 万元的只有 18 个样本，且对实证结果影响较大，故将其作为异常值去掉，经过这样处理后，雇佣规模最大的只有 20 人①。在此基础上，再删去有缺失的样本后，样本容量共有 5966 个，其中从事自我雇佣人数为 1348 人，从事工资部门的人数为 4618 人。在就业群体中，农民工从事自我雇佣比率高达 22.59%，其中女性的自我雇佣比率为 21.53%，男性的自我雇佣比率为 23.26%，两者相差 1.73 个百分点。

表 1 变量定义及统计描述

变量	变量定义和说明	工资部门		自我雇佣部门	
		男性	女性	男性	女性
月收入	月工作平均总收入	1542.573 (726.068)	1249.400 (555.059)	2628.510 (5261.000)	2112.120 (4700.85)
周工作小时	周平均工作小时	59.322 (14.447)	57.287 (13.792)	78.632 (18.851)	79.412 (19.004)
小时收入	小时衡量收入	6.515 (3.643)	5.455 (2.911)	8.375 (15.489)	6.484 (11.198)

---

① 有人认为自我雇佣者与工资获得者在收入结构上存在较大差异，因为自我雇佣者的收入除了劳动外，还包括资本的回报，可能影响明瑟（Mincer）收入方程的适用性。从农民工数据来看，从事自我雇佣者平均雇佣人数仅 0.66 人，而且资本规模也较小，平均初始投入资本 23408 元，这意味着自我劳动在其经营活动中占很大比重。

续表

变量	变量定义和说明	工资部门		自我雇佣部门	
		男性	女性	男性	女性
小时收入对数	小时衡量收入对数	1.738 (0.523)	1.575 (0.489)	1.762 (0.750)	1.548 (0.712)
个体特征					
教育	个体受教育年限	9.423 (2.346)	9.246 (2.415)	8.494 (2.271)	7.919 (2.481)
年龄	个体实际年龄	30.750 (10.292)	28.707 (9.102)	35.853 (8.572)	35.257 (8.073)
资历	从事当前工作年限	3.606 (4.462)	2.603 (2.978)	5.781 (5.203)	5.873 (5.022)
身体状况很好	身体很好的取值1，否则为0	0.430 (0.495)	0.384 (0.487)	0.415 (0.493)	0.392 (0.489)
好	身体较好的取值1，否则为0	0.428 (0.495)	0.461 (0.499)	0.417 (0.493)	0.414 (0.493)
一般	身体一般的取值1，否则为0	0.133 (0.340)	0.141 (0.348)	0.148 (0.355)	0.164 (0.370)
家庭特征					
已婚有配偶	已婚有配偶取值1，否则为0	0.542 (0.498)	0.554 (0.497)	0.890 (0.313)	0.925 (0.263)
离异丧偶	离异丧偶取值1，否则为0	0.016 (0.125)	0.016 (0.124)	0.009 (0.096)	0.014 (0.118)
配偶收入	配偶平均月收入	1228.758 (683.55)	1641.098 (844.3199)	938.415 (3619.27)	1708.84 (4734.82)
家中幼儿	家中年龄小于6岁小孩个数	0.068 (0.262)	0.085 (0.283)	0.242 (0.447)	0.226 (0.438)
家中老人	家中年龄大于70岁老人个数	0.001 (0.033)	0.002 (0.047)	0.013 (0.132)	0.010 (0.119)
地区变量					
私营从业人员	工作所在省份私营个体就业人员比重	0.447 (0.082)	0.453 (0.078)	0.410 (0.088)	0.410 (0.099)

变量	变量定义和说明	工资部门		自我雇佣部门	
		男性	女性	男性	女性
金融资本					
初始投入资本对数	营业前全部投入取对数形式			9.122 (1.68)	9.081 (1.632)
雇佣人数	雇佣家庭以外的成员人数			0.708 (2.351)	0.592 (1.895)
样本量		2814	1804	853	492

注：①括号内为标准差；②问卷询问个体的身体状况，共有五类，分别为很好、较好、一般、较差及很差，由于回答很差的样本很少，故将其与回答较差类的进行合并，在后文的回归分析中设为基组；③配偶的平均收入只针对已婚有配偶的样本计算得到；④婚姻状况分成三类：已婚有配偶、离异丧偶和未婚，在后文分析中未婚设为基组。

表 1 报告了按性别和就业类型分类的月收入、周工作小时、人力资本、家庭特征等变量的定义及统计性描述。以小时收入衡量，自我雇佣部门的收入要高于工资部门的收入；在自我雇佣部门，女性的收入为男性收入的 77.4%，而在工资部门，女性的收入为男性收入的 83.7%，性别间在自我雇佣部门的差距要高于性别间在工资部门的差距，国外也发现类似的结果。同时，从收入均值与对应的标准差比值①来看，自我雇佣部门内部的收入差距要大于工资部门，意味着该部门的风险也较大。性别间的平均受教育年限的差距在自我雇佣部门为 0.58 年，而在工资部门，这一差距只有 0.18 年。性别间的平均年龄差异在自我雇佣部门为 0.60 年，工资部门的差异为 2.04 年。性别间的平均资历差距在自我雇佣部门为 0.1 年，而在工资部门为 1 年。整体来看，从事自我雇佣的年龄、资历要大于工资部门，但是从事工资部门群体的平均受教育年限要高于自我雇佣者。

另一个值得关注的差异是，在家庭特征变量中，自我雇佣者的已婚比率高达 90% 左右，大大高于工资部门获得者的 55% 左右，并且自我雇佣者家中幼儿个数、家中老人个数也都大于工资部门群体，这很可能是由于选择从事自我雇佣的群体看重其时间的自由灵活，可更好照看家庭。在自我雇佣群体中，可以发现，农民工自我雇佣的规模较少，初始投入资本用对数衡量只有 9 左右，雇佣人数平均不到 1 人，当然，女性这两个指标都

---

① 该比值为变异系数，可用于反映内部的差异程度，该值越大，表明差异越大。

小于男性。

一般将性别间的收入差距来源分为两个因素：一是与生产力相关的个体禀赋特征差异；二是与生产力无关，仅仅因为性别差异所导致的收入差距。在工资部门，歧视的存在导致偏好组的工资收入高于其劳动边际生产率或受歧视组的工资支付低于其劳动边际生产率。在自我雇佣部门，性别歧视来源于顾客、供应商或银行，有研究指出，38%的女性认为与这些群体交易中，性别因素给她们带来不利影响，实证研究分析也表明对女性群体存在较大的顾客歧视。

三、就业行为、收入决定及报酬率差异

（一）研究方法和框架

本文采用的研究方法普遍来源于先前的研究。农民工在工资部门和自我雇佣部门的 Mincer 收入方程分别表述为：

$$\ln Y_i^e = X_i \beta^e + \xi_i^e \tag{1}$$

$$\ln Y_i^{se} = X_i \beta^{se} + \xi_i^{se} \tag{2}$$

其中，Y_i^e 和 Y_i^{se} 分别表示个体从事工资部门和自我雇佣部门的小时收入水平；X_i 为各部门决定收入水平的可观察特征变量，ξ_i^e 和 ξ_i^{se} 为随机误差项。

上述收入方程存在自选择问题，会影响结果的一致估计。因为个体选择进入哪个部门（在这里指工资部门和自我雇佣部门）并非随机的，往往与其自身特征、家庭背景等方面相关，这些因素可能会导致选择方程的随机项与收入方程的随机项存在相关性，因此直接采用工资部门的就业人员样本估计方程，或直接采用自我雇佣部门就业人员样本估计方程会产生有偏误的估计值。为了克服由此带来的自选题问题，本文采用 Heckman 模型。

其基本思想是：第一步，利用所有样本数据（包括自我雇佣和工资部门群体）就个体就业部门选择进行 Probit 模型估计，其表达式为：

$$P^* = Z_i r + \xi_i \tag{3}$$

式（3）为个人选择模型，它决定个人是否选择自我雇佣部门。如果

$P^* > 0$，表示个体选择自我雇佣部门，否则，个体选择工资部门。其中 Z_i 为影响个体选择的变量，r 为系数，ξ_i 为随机误差项。Z_i 除包括前面收入方程的 X_i 外，本文参考之前文献的做法，还加入个体工作所在地省份私营个体就业人员比重变量来识别选择模型①。由式（3）得到逆米尔斯比（The Inverse of Mill's Ratio），记做：$\lambda_i = \dfrac{\Phi_i(p, x, H)}{\Phi_i(p, x, H)}$。

第二步，将此获得的逆米尔斯比加入收入方程式（1）和式（2），得到：

$$\ln Y_i^e = X_i \beta^e + \theta^e \lambda_i^e + V_i^e \tag{4}$$

$$\ln Y_i^{se} = X_i \beta^{se} + \theta^{se} \lambda_i^{se} + V_i^{se} \tag{5}$$

其中，λ_i^e 和 λ_i^{se} 为相应的逆米尔斯比，θ_i^e 和 θ_i^{se} 为对应的系数，V_i^e 和 V_i^{se} 是条件均值为 0 的新残差项，式（4）和式（5）分别用于估计男性和女性农民工。

（二）估计结果

本文先按性别分类估计式（3）的 Probit 模型，结果见表2。大多数变量对个体自我雇佣决策的影响在统计上显著，且对男女的影响较为接近。教育对自我雇佣行为选择具有负的影响，且在统计上显著，这与先前的研究一致。一般认为自我雇佣是非正规就业的一种，而且风险较大，而教育是一项非常重要的人力资本，随着教育程度的提高，个体在劳动力市场的竞争能力随之提高，因此个体选择工资部门就业的能力也会更强。年龄和资历对自我雇佣影响先为正，随后变为负，影响在统计上显著。身体健康状况对自我雇佣的影响为负，但在统计上不显著。相对于未婚群体，已婚有配偶或离异丧偶的群体更易成为自我雇佣者，且在统计上显著，这可以看作婚姻分散风险功能的一种表现，使个体承担风险的能力提高，增加选择自我雇佣的意愿。配偶收入、家中幼儿个数及家中老人个数的上升也会提高个体自我雇佣的概率。家庭特征变量对个体就业选择影响表面上看对

---

① 之前也有研究采用家中幼儿个数和老人个数这两个变量来识别选择模型，本文认为相较而言，本文所采用的识别变量与收入相关的可能性更小。同时需要说明的是，与之前文献采用农民工迁出地的个体私营就业人员比重作为识别变量不同，本文采用的是迁入地的指标。周边从事私营个体就业人员的比重越高，因为学习效应，个体选择从事自我雇佣（自我雇佣与私营个体工商户有较大重合）可能性也会越大，因而本文认为就业途径会影响收入。

男女工人差异不大，但背后的原因可能不一样：对于女性来讲，家庭规模扩大，尤其是家中幼儿个数和老人个数的增加，需要更多时间照看家里，也使得家务劳动更具有规模效应；而对于男性来讲，可能是因为家庭责任的增加，需要赚取更高的收入，促使其选择该就业类型。相对而言，个体工作所在省份私人就业比重对性别间的影响存在较大差异，该变量对男女选择自我雇佣的影响均为负，但对男性的系数小且在统计上不显著，而对女性的影响较大，且在统计上显著。

表 2　自我雇佣行为的 Probit 估计结果（按性别分类）

变量	男性		女性	
	平均边际系数	标准误	平均边际系数	标准误
教育	− 0.020 ***	0.003	− 0.020 ***	0.003
年龄	0.025 ***	0.005	0.014 **	0.007
年龄平方/1000	− 0.312 ***	0.069	− 0.168 *	0.090
资历	0.020 ***	0.003	0.026 ***	0.005
资历平方/1000	− 0.768 ***	0.166	− 0.374	0.302
很好	− 0.081	0.054	− 0.045	0.053
好	− 0.096 *	0.053	− 0.081	0.053
一般	− 0.069	0.047	− 0.060	0.045
已婚有配偶	0.084 ***	0.023	0.104 ***	0.027
离异丧偶	0.005	0.064	0.160 *	0.100
配偶收入/1000	0.064 ***	0.008	0.034 ***	0.007
家中幼儿	0.130 ***	0.019	0.078 ***	0.022
家中老人	0.196 *	0.102	0.032	0.102
私营从业人员	− 0.076	0.124	− 1.084 ***	0.164
对数似然值	804.58		613.93	
Pseudo R^2	0.202		0.256	
样本量	3667		2296	

注：①平均边际效应是基于样本中连续变量的均值，虚拟变量为 0 时所计算；② ***、**、* 分别表示在 1%、5%、10% 水平上显著；③由于年龄平方、资历平方和配偶收入三个变量估计系数过小，为了显示的方便，将变量除以 1000 将其对应的估计系数扩大 1000 倍；④回归方程中控制了地区虚拟变量，按地域东、中、西划分，并以西部为基组。

表 3 为式（4）和式（5）纠正样本选择偏差后工资部门和自我雇佣部门的收入方程，并按性别分类。个体的收入水平随受教育程度的提高而

增加，而且教育回报率在工资部门要明显高于自我雇佣部门①。从分性别来看，在工资部门，男性的教育回报率比女性高 0.6 个百分点，而在自我雇佣部门，女性教育回报率比男性高 1 个百分点。年龄对工资部门的收入影响要比自我雇佣部门的影响大，且对自我雇佣的影响在统计上不显著。在工资部门，资历对女性的影响要高于男性，且在统计上显著，而在自我雇佣部门中，资历只对男性的影响显著。除女性自我雇佣者外，身体状况对收入的影响不显著，而且对女性自我雇佣者的影响要远高于其他群体。婚姻状况对男女收入影响存在较大差异，不论是工资部门还是自我雇佣部门，已婚有配偶身份对女性的影响均为负且在统计上显著，但对男性的影响小且不显著。配偶收入越高，相应个体的收入也越高，但对女性的影响更大且在统计上显著，这某种程度上反映婚姻市场上的匹配效应。家中幼儿个数和老人个数对收入的影响基本为负，只有幼儿个数对女性自我雇佣者的影响在统计上显著，这更加印证了前面的猜测，女性选择自我雇佣更多的是为了便于照看家里，尤其是小孩，这影响了女性在劳动力市场上的努力程度，从而降低了收入。另外，对于自我雇佣者群体来说，自我雇佣者的收入随着初始投入资本和雇佣规模的增加而增加，并在统计上基本显著，而且对男性的影响要高于女性。

表3　收入方程估计结果（按性别和就业部门分类）

| 变量 | 工资部门 | | | | 自我雇佣部门 | | | |
| | 男性 | | 女性 | | 男性 | | 女性 | |
	系数	标准误	系数	标准误	系数	标准误	系数	标准误
教育	0.050 ***	0.005	0.044 ***	0.005	0.024 *	0.014	0.034 **	0.014
年龄	0.051 ***	0.007	0.041 ***	0.009	-0.036	0.025	0.008	0.026
年龄平方/1000	-0.762 ***	0.094	-0.562 ***	0.122	0.322	0.314	-0.258	0.338
资历	0.034 ***	0.006	0.065 ***	0.008	0.041 ***	0.015	-0.003	0.020
资历平方/1000	-0.852 ***	0.267	-1.887 ***	0.547	-1.710 ***	0.646	-0.468	0.857
很好	0.115	0.090	0.126	0.085	0.265	0.180	0.402 **	0.177
好	0.112	0.090	0.105	0.086	0.299 *	0.181	0.386 **	0.175
一般	0.089	0.091	0.089	0.088	0.198	0.186	0.294 *	0.181

① 按照人力资本理论，教育的功能除具有提高生产力增加收入外，还具有发送信号的功能。但在自我雇佣部门，教育信号发送功能会大大降低，这或许是自我雇佣教育回报率低于工资部门的原因。这点要感谢香港中文大学邓卫广博士的评论。

续表

变量	工资部门				自我雇佣部门			
	男性		女性		男性		女性	
	系数	标准误	系数	标准误	系数	标准误	系数	标准误
已婚有配偶	-0.022	0.032	-0.157 ***	0.039	-0.035	0.123	-0.544 ***	0.146
离异丧偶	0.124 *	0.074	-0.056	0.086	0.033	0.265	-0.130	0.274
配偶收入/1000	0.016	0.021	0.094 ***	0.015	0.036 ***	0.008	0.044 ***	0.007
家中幼儿	-0.015	0.048	0.036	0.040	-0.071	0.079	-0.153 *	0.079
家中老人	-0.301	0.260	-0.166	0.198	0.186	0.192	-0.031	0.244
初始投入资本对数					0.087 ***	0.015	0.067 ***	0.018
雇佣人数					0.042 ***	0.010	0.017	0.014
常数项	0.015	0.138	0.152	0.165	1.327	0.590 **	1.153 ***	0.612
λ^e	0.217 *	0.127	-0.342 ***	0.091				
λ^{se}					-0.041	0.160	-0.309 **	0.135
R^2	0.281		0.350		0.308		0.112	
样本量	2814/3667		1804/296		853/3667		492/2296	

注：①***、**、*分别表示在 1%、5%、10% 水平上显著；②由于年龄平方、资历平方和配偶收入三个变量估计系数过小，为了显示的方便，将变量除以 1000 将其对应的估计系数扩大 1000 倍；③回归方程中控制了地区虚拟变量，按地域东、中、西划分，并以西部为基组。

（三）性别收入差异分解

Oaxaca - Blinder 分解方法是研究性别间收入差距的常用方法。该方法将收入差异分解为两部分：可解释部分和未解释部分，其中未解释部分一般归为歧视等因素。该方法可用下述公式表示：

$$\ln \overline{W}_m - \ln \overline{W}_f = (\overline{X}_m - \overline{X}_f) \hat{\beta}_m + \overline{X}_f (\hat{\beta}_m - \hat{\beta}_f) \qquad (6)$$

其中，下标 m 和 f 分别代表男性和女性，$\overline{X}$ 表示平均特征变量，$\hat{\beta}$ 表示收入方程估计系数，$\ln \overline{W}$ 表示收入对数均值。式（6）右边第一项衡量性别收入差异在多大程度上是由于性别间个体特征差异所引起的，第二项表示两类群体在劳动力市场上由于收入支付结构不同所引起的工资差异，一般认为是由于歧视造成的。

由于我们的收入方程含有选择偏差纠正项，所以在分解过程中要进行特别处理，选择偏差纠正项的处理方法至少有四种。本文借鉴张车伟和薛欣欣（2008）的处理方法，采用如下表达式：

$$\ln \overline{W}_m - \ln \overline{W}_f = (\overline{X}_m - \overline{X}_f)\hat{\beta}_m + (\hat{\lambda}_m - \hat{\lambda}_f)\hat{\theta}_m + \overline{X}_f(\hat{\beta}_m - \hat{\beta}_f) + \hat{\lambda}_f(\hat{\theta}_m - \hat{\theta}_f) \tag{7}$$

另外，式（7）分解表达式还存在"权重问题"，本文参考科顿（Cotton）的处理方法，将式（7）进一步表述为：

$$\ln \overline{W}_m - \ln \overline{W}_f = (\overline{X}_m - \overline{X}_f)\beta^* + (\hat{\lambda}_m - \hat{\lambda}_f)\theta^* + \overline{X}_m(\hat{\beta}_m - \beta^*) + \overline{X}_f(\beta^* - \hat{\beta}_f) + \hat{\lambda}_m(\hat{\theta}_m - \theta^*) + \hat{\lambda}_f(\theta^* - \hat{\theta}_f) \tag{8}$$

式（8）等式右边前两项代表性别个体特征差异所引起的收入差异，最后四项代表歧视等不可解释部分。其中 β^* 表示在没有歧视状态下收入方程的系数，其表达式为 $\beta^* = \Omega\hat{\beta}_m + (I - \Omega)\hat{\beta}_f$，该式同样也适用于 θ^*，其中 $\Omega = P_m \cdot I$，P_m 为各就业类型男性农民工的比重，I 为单位矩阵。该分解表达式可说明工资部门和自我雇佣部门性别收入差距的原因。

依据表3的回归结果，表4报告了采用上述介绍的 Cotton 分解方法将两部门的性别收入差距分解为解释部分和歧视等未解释部分。表4显示，工资部门和自我雇佣部门性别间的对数收入的总差异分别为 0.163 和 0.213，自我雇佣的性别收入差距要高于工资部门。从表4中可以看出，采用 Cotton 分解方法和 Oaxaca - Blinder 两种分解方法的结果较为接近，两部门均存在显著的性别歧视。在工资部门中，采用 Cotton 分解方法，个体特征差异因素引起的可解释部分为6%，歧视等未解释部分为94%，对应的 Oaxaca - Blinder 分解方法，两个指标分别为 11.9% 和 88.1%，表明农民工在工资部门存在较为显著的性别歧视，该结果与之前的研究结论较为一致。在自我雇佣部门中，性别收入差距完全由性别歧视等未解释部分所引起，采用 Cotton 分解方法，这一比重高达 120.9%，Oaxaca - Blinder 分解方法为 116.6%。总的来说，自我雇佣部门收入差距中未解释部分所占比重要比工资部门高出30%左右，这反映出女性农民工在自我雇佣部门遭受的歧视程度要高于工资部门，更要引起人们的重视。

表4　外来务工人员性别工资和自我雇佣收入差异分解结果

	总体收入差异	Cotton 分解		Oaxaca - Blinder 分解	
		解释部分	未解释部分	解释部分	未解释部分
工资部门	0.163	0.010	0.153	0.019	0.143

续表

	总体收入差异	Cotton 分解		Oaxaca - Blinder 分解	
		解释部分	未解释部分	解释部分	未解释部分
自我雇佣部门	0.213	− 0.045	0.101	− 0.035	0.249
工资部门所占百分比		0.060	0.940	0.119	0.881
自我雇佣部门所占百分比		− 0.209	1.209	− 0.166	1.166

四、结论与政策含义

本文采用 CHIP 2007 年全国外来务工人员的调查数据，研究农民工性别自我雇佣行为及其收入差异，主要的研究结论如下：

第一，不论男女，从事自我雇佣部门的收入要高于工资部门，同时农民工自我雇佣部门性别收入差距要高于工资部门，在自我雇佣部门，女性收入为男性收入的 77.4%，而在工资部门这一比值为 83.7%。

第二，在自我雇佣行为决策上，性别间差异不大，但我们猜测其背后原因可能不一样。比如家庭背景，对于女性来讲，家庭规模扩大，尤其是家中幼儿个数和老人个数的增加，需要更多时间照看家里，也使得家务劳动更具有规模效应；而对于男性来讲，可能是因为家庭责任的增加，需要赚取更高的收入，促使其选择该就业类型。

第三，通过纠正样本选择偏差后的 Mincer 收入方程估计结果表明，性别间人力资本回报率存在较大差异，且这种差异存在于不同就业部门。比如教育，在工资部门，男性的教育回报率比女性高 0.6 个百分点，而在自我雇佣部门，女性教育回报率比男性高 1 个百分点。同时也发现，家庭背景对收入的影响也因性别不同而存在差异。

第四，在纠正样本选择偏差的基础上，对性别收入差异进行分解。采用 Cotton 分解方法和 Oaxaca - Blinder 分解均显示在自我雇佣部门和工资部门均存在显著的性别歧视，自我雇佣部门收入差距中歧视程度要比工资部门高出 30% 左右。

本文的分析结论具有一定的政策含义：第一，本文的研究发现，不论男女，自我雇佣部门的收入均较大幅度高于工资部门。因此，政府应该采取措施改善农民工从事自我雇佣的环境，比如在资金、法律咨询、培训上提供更好的服务，这不仅能有效提高农民收入，进而缩小城乡差距，而且个人创业、私营经济发展对一国的经济发展本身具有重要积极的影响。第二，性别间在自我雇佣部门的收入差距要高于工资部门，而且发现其歧视程度也高于工资部门。因此，为了提升女性的经济地位，不应忽视对女性自我雇佣者的帮助。比如，现实中女性较少有机会接触管理类工作，可考虑为女性自我雇佣者提供商业技能、管理培训等相关辅导；同时为女性提供获取社会资源包括商业贷款等优惠政策。

参考文献

［1］姚先国，赖普清. 中国劳资关系的城乡户籍差异［J］. 经济研究，2004（7）.

［2］王美艳. 城市劳动力市场上的就业机会与工资差异——外来劳动力就业与报酬研究［J］. 中国社会科学，2005（5）.

［3］黄志岭. 社会保险参与的城乡工人户籍差异实证研究［J］. 财经论丛，2012（4）.

［4］黄志岭. 城乡户籍自我雇佣差异及原因分析［J］. 世界经济文汇，2012（6）.

［5］Liu, P. W., Meng, X., Zhang, J. Sectoral Gender Wage Differentials and Discrimination in the Transitional Chinese Economy［J］. Journal of Population Economics, 2000, 13（2）.

［6］黄志岭. 教育、自我雇佣收入及其城乡差异［J］. 农业经济问题，2013（6）.

［7］李实，杨修娜. 农民工工资的性别差异及其影响因素［J］. 经济社会体制比较，2010（5）.

［8］张琼. 农民工工资性别差异的实证研究［J］. 广东社会科学，2013（3）.

［9］Giulietti, C., Ning, G., Zimmermann, K. F. Self – employment of Rural – to – urban Migrants in China［J］. International Journal of Manpower, 2012, 33（1）.

［10］Wang, X., Huang, J., Zhang, L., Rozelle, S. The Rise of Migration and the Fall of Self Employment in Rural China's Labor Market［J］. China Economic Review, 2011, 22（2）.

［11］叶静怡，王琼. 农民工的自我雇佣选择及其收入［J］. 财经研究，2003（1）.

［12］Clain, S. H. Gender Differences in Full – time Self – employment［J］. Journal of Economics and Business, 2000, 52（6）.

［13］Hundley, G. Male/female Earnings Differences in Self – employment：The Effects of Marriage, Children, and the Household Division of Labor［J］. Industrial and Labor Relations Review, 2000, 54（1）.

［14］Leung, D. The Male/female Earnings Gap and Female Self – employment［J］. The Journal of Socio – Economics, 2006, 35（5）.

［15］Rees, H., Shah, A. An Empirical Analysis of Self – employment in the U. K

〔J〕. Journal of Applied Econometrics, 1986, 1（1）.

　〔16〕Arrow, K. The Theory of Discrimination〔M〕. in: O. A. Ashenfelter and A. Rees, eds., Discrimination in Labor Markets（Princeton University Press, Princeton, NJ）, 1973.

　〔17〕Lee‐Gosselin, H., Grise, J. Are Women Owner‐Managers Challenging Our Definitions of Entrepreneurship? An In‐Depth Survey〔J〕. Journal of Business Ethics, 1990, 9（2）.

　〔18〕Moore, R. Employer Discrimination: Evidence from Self‐Employed Workers〔J〕. Review of Economics & Statistics, 1983, 65（3）.

　〔19〕Heckman, J. Sample Selection as a Specification Error〔J〕. Econometrica, 1979, 47（1）.

　〔20〕Johansson, E. Self‐employment and the Predicted Earnings Differential——Evidence from Finland〔J〕. Finnish Economic Papers, 2000, 13（1）: 45 – 55.

　〔21〕Hammarstedt, M. The Predicted Earnings Differential and Immigrant Self‐employment in Sweden〔J〕. Applied Economics, 2006, 38（6）.

　〔22〕Yueh, L. Self‐employment in Urban China: Networking in a Transition Economy〔J〕. China Economic Review, 2009, 20（3）.

　〔23〕Oaxaca, R. Male‐Female Wage Differentials in Urban Labor Markets〔J〕. International Economic Review, 1973, 14（3）.

　〔24〕Blinder, A. S. Wage Discrimination: Reduced Form and Structural Estimates〔J〕. The Journal of Human Resources, 1973, 8（4）.

　〔25〕Neuman, S., Oaxaca, R. Estimating Labor Market Discrimination with Selectivity‐Corrected Wage Equations: Methodological Considerations and An Illustration from Israel〔R〕. Working Paper, 2003.

　〔26〕张车伟，薛欣欣. 国有部门与非国有部门工资差异及人力资本贡献〔J〕. 经济研究, 2008（4）.

　〔27〕Cotton, J. On the Decomposition of Wage Differentials〔J〕. The Review of Economics and Statistics, 1988, 70（2）.

激励企业技术创新的税收政策问题研究

高伟华　吴　峥*

摘　要　企业技术创新是推动国家整体科技创新的重要支撑，税收激励政策对企业科技创新起了很大的推动作用。本文通过分析我国现有激励企业技术创新的增值税和企业所得税税收政策现状，得出税收政策缺乏系统性、针对高新技术企业税收政策不完善、税收政策工具运用存在局限性、税收政策执行有效性不高的问题。在此基础上提出一些健全税收优惠政策体系、完善税收优惠方式等方面的政策建议。

关键词　技术创新；税收激励；增值税；企业所得税

一、引　言

党的十九大报告强调"创新"是建设现代化经济体系的战略支撑，力争提升我国的科技创新能力，并将"加快建设创新型国家"列为目前的国家战略目标。技术创新能力已成为转变经济增长的重要方式，政府和学者越来越关注到技术进步对经济增长产生的重大贡献，技术进步能促进结构调整、提高国家竞争能力，同时，技术创新在社会发展中也发挥着重要作用。

税收政策作为宏观经济领域的公共政策，影响社会经济发展，在企业技术创新活动中起着重要作用，特别是在调整经济结构、企业转型优化方面具有较好的引导作用。早在1996年，我国就针对企业的研发活动与技术创新实施一定的税收激励政策，并且在实践过程中对政策不断进行完

*　作者简介：高伟华，浙江财经大学东方学院讲师，研究方向为教育财政。吴峥，浙江财经大学东方学院学生。

善，不断加大创新激励力度，扩大政策惠及范围。

我国的创新主体以企业为主，企业创新是推动国家整体科技创新的重要支撑，税收激励政策对企业科技创新起了很大的推动作用，同时，我国现有的税收政策能否激励企业增加研发投入并实现企业创新是一个现实问题。

目前，我国创新税收政策具有税收政策内容比较全面、落实方式多样和涉及税种相对完整等特点，在促进企业整体减负、激发中小企业活力、助力制造业创新发展、提高企业国际竞争力、引导企业转变增长方式等方面也起到了积极作用。但同时也存在税收政策缺乏系统性、针对高新技术企业税收政策不完善、税收政策工具运用存在局限性、税收政策执行有效性不高等问题。满足在"新常态"经济发展背景下企业不断发展的需要，促进企业技术创新，进而辅助以创新引领经济发展的战略，推进国家经济结构的转型升级是税收政策体系的优化方向。

本文研究的内容：剖析税收激励对企业创新的影响，并分析我国目前的税收激励政策存在的不足之处，在此基础上提出一些政策建议，希望为企业创新提供理论基础。本文第一部分描述了调查研究的背景、研究意义、方法与思路等；第二部分从理论层面分析研究主题，介绍相关的概念；第三部分梳理与激励企业创新有关的增值税税收政策和企业所得税税收政策，厘清政策的内在逻辑关系；第四部分针对我国现有政策进行分析，发现税收政策现阶段存在的问题；第五部分有针对性地提出相关的税收政策建议。

二、企业技术创新与税收政策

（一）企业技术创新概念界定

技术创新是以创造新技术为目的，以现有的科学技术知识和有关物质资源为基础，在特定的环境中改进或创造新的事物，并能获得一定有益效果的行为，是企业竞争优势的核心，是企业可持续发展的重要保障。

企业技术创新的要素要求其有明确创新目标、有系统组织形式、有较强创造性的活动，具体内涵如表1所示。

表1　企业技术创新的要素及其内涵

企业技术创新要素	具体内涵
明确创新目标	企业技术创新的目标是为了技术改进、产品开发、提升标准、知识创新等，意在形成全新且具有价值的客体
有系统组织形式	技术创新的实施围绕特定的目标，制订详细的实施方案，提供相应的人力、资金、材料等，在限定的时间内完成
有较强创造性	技术创新的结果无法完全实现预期，存在一定的风险和较大的不确定性，结果或许是成功的，但也存在失败的可能

　　企业的技术创新具体分为应用性研究、实验性开发、实质性改进三大类，具体内涵如表2所示。

表2　企业创新的类别及其内涵

企业技术创新类型	具体内涵
应用性研究	目的是为了解决实际应用中发生的问题，或者是对现有理论知识的实际应用探索，改进技术，完成知识创新
实验性开发	有某一特定的目的，如生产新产品、新材料，开发新程序、新系统，进行设计、制造、测试等一系列活动
实质性改进	为了提升产品的质量、效率等，对已有产品进行进一步的研发设计，如生产工艺的改变，新方法、新标准的开发

（二）税收政策对企业技术创新的影响

　　税收政策主要有税率优惠、减税免税、加速折旧、加计扣除、投资抵免等，这些优惠政策的实施能同时做到提高企业创新收益、降低企业创新风险、加大企业资金投入，实现创新动力与创新资源的最大化，达到提升企业技术创新能力的目的。

　　第一，税收政策提高了企业的研发收益预期。政府对企业创新方面的税收激励实质上是将应纳税额一定程度地返还给企业，这部分资金的流入可以作为创新资金，促进技术创新，因此投入增加，未来的创新收益将会提升。

　　第二，税收政策降低了企业研发创新的风险。企业的研发投入属于高风险的投资，通过相应政策的实施为研发失败的企业提供补偿，使得这份高风险由政府和企业共同承担，降低了企业自身创新风险，提高了企业的创新积极性。

第三，税收政策影响了企业资金的供给。企业的技术创新离不开资金支持，在企业资金周转方面，税前扣除、税率优惠等政策实现了直接激励的作用，增加了流动资金的数量，有利于资金的筹集；加速折旧的政策实现了间接激励的作用，在一定程度上使企业缴纳的税金减少，留存的资金增加，保证企业创新研发的进行。

三、我国激励企业技术创新的税收政策现状

目前，我国鼓励科技创新的税收优惠政策，主要包括 5 大领域、16 项优惠项目，分别为鼓励创业创新平台发展方面、鼓励企业加大研发投入方面、鼓励科研人员创新创业方面、推动高科技产业发展方面、支持技术转让科技成果转化方面。税收政策涉及的税种主要包括增值税、企业所得税、个人所得税、关税、城镇土地使用税、印花税、车辆购置税等。政策为企业技术创新活动的关键环节和重点领域提供了一定激励，已初步形成鼓励企业创新驱动发展的税收政策体系。本文针对增值税和企业所得税的主要激励政策进行分析。

（一）针对增值税的激励政策

企业在技术创新过程中，以增值税为首的流转税占应纳税费的比重不容忽视，与之相关的税收优惠政策能有效激励企业创新，增强我国自主研发能力，针对增值税的主要激励政策如表 3 所示。

表 3　针对增值税的激励政策

优惠对象	优惠项目	优惠措施
所有企业	技术转让、技术开发和与之相关的技术咨询、技术服务	免征增值税
所有企业	用于生产、研发符合《国家高技术产品目录》的进口设备、仪器、化学试剂、技术资料、软件费	免征增值税和关税

优惠对象	优惠项目	优惠措施
所有企业	内资研发机构和外资研发中心采购国产设备	增值税退税
经财政部会同国务院有关部门核定的企业	在2020年12月31日前，在合理数量范围内进口国内不能生产或者性能不能满足需要的科技开发用品、科学研究和教学用品	免征进口关税和进口环节增值税、消费税
软件企业	销售其自行开发生产的软件产品，对其增值税实际税负超过3%的	即征即退
重大技术装备制造企业	生产重大技术装备和产品进口零件原料	免征进口关税和增值税
国家级、省级科技企业孵化器（含众创空间）	其向在孵对象提供孵化服务取得的收入	免征增值税（2019年1月1日至2021年12月31日）

（二）针对企业所得税的激励政策

企业所得税的激励政策具体包括加计扣除、加速折旧、税收减免、税前扣除等方式，是鼓励企业创新的核心手段，有效地推动了企业的科技创新与技术进步。针对企业所得税的主要激励政策如表4所示。

表4　针对企业所得税的激励政策

优惠对象	优惠项目	优惠措施
所有企业	企业开发新技术、新产品、新工艺发生的研发费用	未形成无形资产计入当期损益的，按照研发费用的75%加计扣除；形成无形资产的，按照无形资产成本的175%摊销（2018年1月1日至2020年12月31日）
居民企业	一个纳税年度内的技术转让所得	不超过500万元的，免征企业所得税；超过500万元的，减半征收
高新技术企业、技术先进型服务企业	经核定的高新技术企业、技术先进型服务企业所得税	减按15%的税率征收
软件企业和集成电路设计企业	国家重点布局内的软件企业和集成电路设计企业所得税	减按10%的税率征收

续表

优惠对象	优惠项目	优惠措施
集成电路设计企业和软件企业	经核定的集成电路设计企业和软件企业所得税	在 2019 年 12 月 31 日前自获利年度起计算优惠期，第一年至第二年免征企业所得税，第三年至第五年按照 25% 的法定税率减半征收企业所得税，并享受至期满为止
软件企业	经核定软件生产企业发生的职工教育经费中的职工培训费用	按实际发生金额税前扣除
创业投资企业	对未上市中小高新技术企业的股权投资 2 年以上的投资额	投资额的 70% 投资抵免，当年不足抵扣的可以结转以后年度
所有企业	企业在 2018 年 1 月 1 日至 2020 年 12 月 31 日期间新购进的设备、器具	单位价值不超过 500 万元的允许一次扣除，超过 500 万元的加速折旧

四、我国激励企业技术创新的税收政策不足之处

通过梳理我国激励企业技术创新的税收政策现状，可以得出，我国已经初步建立了基于创新体系特征下的，以所得税为主，所得税与增值税并重的科技税收政策，但仍没有系统的激励自主创新的税收政策，具体的不足之处体现在税收政策体系缺乏系统性；由于高新技术产业的税收政策不完善，创新投入存在策略性和投机性；税收政策工具运用存在局限性，执行有效性不高。

（一）税收政策体系缺乏系统性

1. 激励企业技术创新的政策分散，税收优惠力度小

我国现行的激励创新税收政策多以国务院、税务总局、国家发展改革委、科技部等部委牵头制定，各个部门在职能范围内细分负责各项促进技术创新发展的政策制定和组织工作。有些以法律形式公布，有些则是以税收规范性文件、主管税务部门的公告形式公布，立法层次不高，权威性和稳定性不足，导致系统运行不顺畅。同时，由于制定税收政策的主体较

多，虽然各司其职，能够有针对性地组织工作，但也正是因为这种条块分割的行政组织体系在各自出台相关政策时缺乏统筹协调，导致规划和顶层设计不能全面反映社会情况，从而使政策分散，体系不系统。如在企业技术创新的前期、中期、后期政策力度不同，对于不同企业的政策各有侧重，有些只能享受事前鼓励，有些仅享受事后鼓励，导致政策的实施脱离现实，影响企业的正常生产经营活动。

如果以激励企业创新研发的税收优惠占 GDP 的比重衡量税收优惠的力度，我国激励企业研发的税收优惠力度在全世界范围内处于中下游位置（见图 1）。2017 年，我国激励企业研发的税收优惠力度为 0.07%，与比利时、法国、英国、澳大利亚、意大利、荷兰、爱尔兰、韩国、日本等国相比，力度较小。

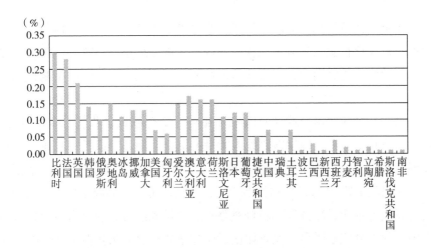

图 1　2017 年部分国家激励企业研发的税收优惠力度

资料来源：OECD. Measuring Tax Support for R&D and Innovation ［EB/OL］. http：//www. oecd. org/sti/rd – tax – stats. htm.

2. 激励创新型人才的税收政策略显乏力

企业的技术创新离不开人力资源的投入，从现实情况分析可以得知，目前我国激励技术创新的政策受益者多为实现高科技成果的企业，而对于创新人才的税收优惠设置了较高的门槛。我国现行税收政策缺乏对人力资本投资的鼓励，优惠力度不足，相关文件规定，企业给予创新人才的一般奖励性奖金不能享受个人所得税优惠，创新型人才在培养过程中投入了远高于社会平均水平的教育费用支出，相应的成果转换收益理应高于社会平均水平，而个人所得税的最高一级累计税率高达45%，对个人的净收益有较大影响。在发达国家，促进人力资本投资的税收政策被普遍使用，具体有允许个人所得税扣除教育、研发等人力资本投资费用，给予高科技人才较高的个税免征额等方式。由此看来，现阶段的人才政策既偏离了税收公平，同时也抑制了人才创新的积极性，不利于发挥其创新能力，难以吸引高层次人才，最终不利于企业的研发与创新成果向现实生产力的转化，不利于企业的可持续发展。

（二）针对高新技术产业的税收政策不完善，创新投入存在策略性和投机性

在企业创新活动中，高新技术产业是当之无愧的引导者，但与之相关的税收政策存在优惠政策不完善以及税收优惠力度小、门槛高、落实力度不够的问题，与此同时，高新技术企业的创新投入存在一定的策略性和投机性。

第一，高新技术企业税收政策不完善，部分领域税收优惠政策缺位。针对高新技术，其研发期需要投入大量的资金，但目前缺乏有关企业主体及创新平台在融资环节的税收支持政策；针对创新平台的税收优惠范围窄，如按投资额的70%抵扣应纳税所得额的政策，只局限于未上市的中小型高新技术企业；新能源、新材料等发展前景大的行业缺乏有效激励，行业限制使部分应享受研发设备加速折旧政策的企业无法获得应有的优惠。

第二，税收政策以企业所得税为主，增值税等其他税种优惠政策较少。增值税和企业所得税是我国两大主体税种，增值税的税收优惠以企业的毛利空间为基础，只要有一定的毛利空间就可以享受到相应的优惠，而企业所得税依靠企业实现的盈利，其实际效果不如增值税显著。目前涉及增值税的政策只有符合条件的技术转让、技术开发等，其他的普遍性政策相对较少。

第三，高新技术企业的核定门槛高，许多具有创新研发能力的企业由于难以达到该标准，无法享受低税率优惠及其他政策优惠，创新投入出现策略性和投机性。在实践中发现，企业在被认定为高新技术企业后，并没有带来企业研发投入动力的提升，其研发投入反而会有较小范围的相对降低。这与我国《高新技术企业认定管理办法》中的资格认定标准设立有

关。一些企业的研发投入行为存在策略性和投机性，为了取得高新技术企业的认证资格，拥有相应的优惠资格，以国家要求的、可享用税收优惠政策的临界点作为研发投入的依据，此后没有进一步为促进企业技术进步和创新发展增加创新投入的动力。

（三）税收政策工具运用存在局限性，执行有效性不高

1. 政策适用门槛较高，可持续性低，将部分企业排除在外

我国目前对于技术创新的税收优惠政策门槛和标准较高，相关企业享受优惠的政策难度较大，如研发费用加计扣除政策适用于会计核算健全、实行查账征收并能够准确归集研发费用的居民企业，这对于许多企业而言门槛较高。此外，享受税收优惠的条件过于复杂，取得税收优惠后的税会差异核算、调整过程复杂，相应的认证、申报程序烦琐，企业若是没有专业部门的帮助难以判断适用的政策，具有一定的涉税风险，从而主动放弃税收优惠。

随着科技的进步与发展，新技术和新产品不断推陈出新，形成了新的商业形态和产业模式，而允许扣除的费用范围采取正列举方法，未列入的不能享受优惠，此时，这部分新兴领域由于缺乏相应税收政策的激励与创新导向，弱化了政策的可操作性与可持续性，导致一些新技术、新产品、新产业的不能享受应有的研发费用加计扣除。

现行研发税收激励政策大多以规范性文件的形式颁布和执行，部分政策只有三五年甚至更短的优惠时限，而企业的创新活动不是一蹴而就的，是一个对时间和资金需求较大的过程，现有的政策主要针对创新的结果，对风险大、收益小的创新过程扶持力度小。在这样的环境下，很有可能使企业把引进技术视为创新重点，弱化了研发生产这一关键步骤，对于成品制造过程中的一些中间产品、配套产品、实验材料的开发能力不足，不利于企业创新的持续性发展。

2. 政策落地需要更高征管和纳税服务水平配套

一个完整的税收政策执行过程是从政策的出台到反馈的全过程，包含科学合理的政策规划、有效的执行、政策效果的评估，从而确定政策的价值，决定政策的去向。税收制度复杂、计算方式与认定程序烦琐、纳税人

对有关税收法律政策及最新业务的忽视，这类现实问题都在间接提高其纳税成本，甚至产生欺骗、寻租等行为。因此，需要统一的政策执行管理机制、配套的纳税服务来对享受优惠企业加强后续监督，避免政策落地的偏差。

五、激励企业创新的税收政策建议

（一）制定完备激励创新税收体系

1. 健全税收政策体系，创新税收激励形式

从国家对创新驱动发展的战略要求出发，借鉴大多数技术强国的实践成果，可以发现法律法规的形式普遍有助于强化税收政策的系统性，同时还能增强其合法性、稳定性、权威性、透明性及可操作性。

我国可以加快有关鼓励企业技术创新税收政策方面的立法步伐，在优化税收政策的同时实现税收法定。例如，将与企业技术创新有关的税收政策单独立法，将一些有利于促进企业创新发展的税收政策上升为税法条款。

企业的技术创新具有创新投入高、风险大、收益慢的特点，很可能在研发的过程中失败，由此，税收政策可以加大对企业前期风险的补偿，减少企业创新时的后顾之忧。在完善税收激励体系时要做到统筹协调企业从初创期到稳定期之间不同阶段的政策，实现企业的精准激励，增强实施效果。

2. 加强创新型人才的税收激励手段

第一，从企业角度，通过税收政策减少企业研发人力成本，提升高新技术企业、技术先进型服务企业的职工教育经费税前扣除比例，同时将该税前扣除政策拓宽到所有参与技术创新的企业。将企业对人才教育投资取得的收入视为企业的技术转让所得，适用减免增值税和企业所得税的政策，实现全民创新，提高创新积极性。

第二，从创新型人才个人角度，制定促进创新型人才人力资本投资的

税收政策，调动创新积极性，如鼓励职工继续教育，允许个人所得税扣除与创新有关的人力资本投资费用，适当提高高新技术产业科技创新人员的个人所得税免征额。拓宽技术创新成果奖励的优惠范围，使企业给予创新人才的一般奖励性奖金享受一定的个人所得税优惠，如比照居民企业技术转让所得的税收优惠政策，对企业科研人员非职务性技术成果转让收入、从事技术活动的其他收入、科技奖金和津贴等奖励，不超过 500 万元的，免征个人所得税；超过 500 万元的，减半征收。通过这些激励增强科研人员创新积极性，进一步激发市场主体的创新活力。

（二）加大对高新技术企业税收优惠政策的覆盖范围和力度

为了充分发挥税收政策对我国高新技术产业发展的促进效用，相关的税收政策体系和执行效率要两手抓。

第一，增加高新技术企业研发融资的税收支持。对其用于研究开发方面的贷款利息收入免征增值税和企业所得税；加大研发费用加计扣除政策优惠力度，如提高研发费加计扣除比例，缩短自主研发形成无形资产的摊销年限，降低行业限制，鼓励所有发展前景大的行业进行研发投入。

第二，扩大增值税的激励范围。将税负超 3% 即征即退的政策扩大到所有的高新技术企业；高新技术企业引进《国家高新技术产品目录》中先进技术的，减免其对外支付环节中所支付的增值税。

第三，适当降低高新技术企业的认定标准。在确保指标标准合理性的同时，尽可能利用市场竞争来激发企业创新，避免创新投入的策略性和投机性。例如，以发明专利与成果转换的占有率为依据判断高新技术企业的资质；提升企业创新能力评价中科技成果转化能力、研究开发组织水平所占比重，激励企业不断创新。

（三）优化税收政策工具，促进政策落地

1. 税收政策差异化，构建阶梯式研发优惠政策

拓展税收政策的适用门槛，增加普惠性税收政策。有些税收政策仅针对特定地区，若其对企业创新有明显成效，可以将惠及范围扩至全国，不仅能增加创新积极性，还能创造更为公平公正的竞争环境；适当降低税收

政策的适用门槛，尽可能使更多符合条件的企业享受到优惠，促进大众创新的激励效果。根据企业性质、发展阶段的不同制定不同档次的税率优惠标准，鼓励企业加大创新研发的资金投入，如针对民营企业创新能力不高的现象，应注重税收政策向民营企业倾斜，引导民营企业研发创新。

以企业所得税加计扣除政策为例，可以将行业进行细分，不同的行业采取不同的税收政策，将企业技术与市场经济相结合，根据不同行业的发展特点制定差异化政策，精准定位不同类型企业的需求，创建鼓励企业研发投入的"惠普—选择—顶尖"阶梯递进新型企业所得税加计扣除优惠政策，使政策效用最大化。

2. 提升税收征管服务，加强税收政策可操作性

第一，开展定期的政策落实情况评估。政策的价值与去向需要经过一定的评估及反馈，定期跟踪享受政策优惠的企业研发情况，设立一定的指标评估与分析政策效用，并根据实际情况及时调整政策，建立动态评分系统，精准激励企业技术创新。

第二，建立信息互通共享机制。通过引入第三方审核机制等方式，协助做好税收政策的辅导解释和筹划监督工作，优化信息的准确性，切实降低政企双方的成本和风险；针对企业技术创新涉及政策认定复杂的情况，通过信息共享机制进行相应的咨询与辅导，优化纳税服务，推进税收激励政策落实。

参考文献

［1］程曦，蔡秀云．税收政策对企业技术创新的激励效应——基于异质性企业的实证分析［J］．中南财经政法大学学报，2017（6）．

［2］重庆市税务学会课题组．高新技术产业税收优惠政策效应分析——以重庆为例［J］．税务研究，2017（4）．

［3］龚辉文．支持科技创新的税收政策研究［J］．税务研究，2018（9）．

［4］韩仁月，马海涛．税收优惠方式与企业研发投入——基于双重差分模型的实证检验［J］．中央财经大学学报，2019（3）．

［5］兰贵良，张友棠．企业异质性因素、研发税收激励与企业创新产出［J］．财会月刊，2018（14）．

［6］雷根强，郭玥．高新技术企业被认定后企业创新能力提升了吗？——来自中国上市公司的经验证据［J］．财政研究，2018（9）．

［7］李为人，陈燕清．激励企业自主创新税收优惠政策的优化探析［J］．税务研

究，2019（10）.

［8］李彦龙．税收优惠政策与高技术产业创新效率［J］．数量经济技术经济研究，2018（3）.

［9］任俊颖．税收优惠政策对高新技术企业科技创新能力影响分析［D］．江西财经大学，2019.

［10］水会莉，韩庆兰．融资约束、税收激励与企业研发投入——来自中国制造业上市公司的证据［J］．科技管理研究，2016（36）.

［11］石绍宾，周根根，秦丽华．税收优惠对我国企业研发投入和产出的激励效应［J］．税务研究，2017（3）.

［12］王玺，张嘉怡．促进企业研发创新的税收政策探析［J］．税务研究，2015（1）.

［13］王雅楠，杨晓雯，孙琳．所得税优惠对企业创新的激励效应［J］．税务与经济，2019（1）.

［14］王芸，陈蕾．研发费用加计扣除优惠强度、研发投入强度与企业价值［J］．科技管理研究，2016（36）.

［15］武汉市国际税收研究会课题组．激励企业科技创新税收政策的比较借鉴研究［J］．国际税收，2018（4）.

［16］杨得前，刘仁济．税式支出、财政补贴的转型升级激励效应——来自大中型工业企业的经验证据［J］．税务研究，2017（7）.

［17］赵书博，王秀哲，曹越．我国激励企业创新的税收政策研究［J］．税务研究，2019（8）.

［18］邹洋，聂明明，郭玲．财税政策对企业研发投入的影响分析［J］．税务研究，2016（8）.

［19］Andrew C. Chang. Tax Policy Endogeneity：Evidence from R&D Tax Credits［J］. Economics of Innovation and New Technology，2018，27（8）.

［20］Jia, J. , Ma, G. Do R&D TAX Lncentives Work？Firm – Level Evidence from China［J］. China Economic Review，2017（46）.

配建保障房无偿移交政府的
税收问题分析

朱 计*

摘 要 政府出于调控房价、保障基本住房需求的目的，在政策上明确要求在房地产开发项目中配建一定比例的保障性住房，这是房企取得国有建设用地使用权的条件。这种模式通常要求房地产开发企业配建保障房建成后，无偿移交政府或政府指定的保障房管理部门。但对此移送过程中涉及的税务问题，实务中存在争议，本文对此问题进行分析。

关键词 保障房；无偿移交；视同销售；税务争议

一、引 言

近年来随着土地调控政策的变动，部分地区开始实施国有土地出让"限地价、竞配建"的供给模式，在土地出让合同中约定，配建一定比例的保障房，将正常招拍挂的部分土地溢价从现金支付转换成了保障房配建。从多则国有建设用地使用权出让合同看，均设置了配建不少于总建筑面积5%的保障性住房要求条款。这种模式要求房地产开发企业拿地后配建保障房，建成后无偿移交政府或政府指定的保障房管理部门。

政府保障性住房包括经济适用住房①、廉租住房②、公共租赁住房、

---

* 作者简介：朱计，浙江财经大学东方学院讲师。

① 根据建设部、国家发放委、监察部、财政部、国土资源部、人民银行、税务总局关于印发《经济适用住房管理办法》的通知（建住房〔2007〕258号）第七条规定，经济适用住房建设用地以划拨方式供应。

② 根据住建部、财政部、国家发改委《关于公共租赁住房和廉租住房并轨运行的通知》（建保〔2013〕178号）规定，从2014年开始，原廉租住房和公租房并轨运行，统称公共租赁住房。

安置住房、人才专项住房等。而根据建住房〔2007〕258 号文规定，经济适用住房建设用地以划拨方式供应，与其他类型保障房性质上存在差异，且经济适用住房多以委托代建为主，权属较为清晰，不做过多讨论。2014年后，廉租住房并入公共租赁住房（保障房的最主要类型），根据分析需要，本文主要分析红线内保障性住房的税收相关政策。

国有土地出让合同中约定，配套建设的保障性住房主要有无偿移交给政府和政府回购两种方式。在政府回购模式下，出让合同及配套协议中已事先约定回购价格，并不属于"价格偏低且无正当理由"的情形，视同正常买卖处理，不做详细分析。而无偿移交政府的方式，也给房地产开发企业的税务处理带来较大的影响，在政策理解上也出现了不小的分歧，本文就这个问题展开讨论。

二、无偿移交的"视同销售"之争

（一）配建保障房无偿移交给政府的增值税处理

1. 观点之争：相同的依据不同的理解

房地产开发企业配建保障房无偿移交给政府，增值税上是否需要做视同销售处理，有两种观点：第一种观点认为，不需要做视同销售处理。理由是移交不是转让行为，政府获得配建保障房是"用于公益事业或者以社会公众为对象"；第二种观点认为，需要做视同销售处理。理由是符合财税〔2016〕36 号文中关于无偿转让不动产的相关规定，单位向其他单位无偿转让不动产，应做视同销售处理。

2. 分析思路：有价值增值应征

以上两种观点所依据的税法条款是同一条，对条款的理解却不同。争议的焦点是无偿移交政府是不是一种权属转让行为，该种行为的目的是否为公益目的。笔者认为，讨论这个问题需要先了解清楚移交之前的各种权属关系。在出让合同中，有的地方约定配建房源的新建房屋所有权初始登记在政府指定的住房保障机构；有的地方约定新建房源所有权初始登记在房地产开发商。如果房屋初始登记在政府相关机构或指定部门，则初始不动产所有权并不在房地产开发商那里，对房地产开发商来说配建保障房无偿移交政府并未发生所有权的转移（本来就没有所有权属），也就不存在"无偿赠送"一说，其建造行为可以理解为履行合同条款的履约行为。这种房屋所有权初始登记在政府及相关管理部门的做法以上海为代表。建成后移交给政府相关部门时，一般不需要开票，也不做视同销售处理，可以无票过户。

对于房屋所有权的初始登记在房地产公司的情形，后续建成后无偿移交政府部门，房屋所有权要发生变化，在没有货币收益流入的情况下，外部移送时需要开票，协助办理产权变更手续。在理解上，需要做视同销售处理。对于有人提出的是否符合"用于公益事业或者以社会公众为对象"，笔者认为，后续政府处置保障房，能够明确受益人，租给谁、卖给谁，享受权利义务的主体特定而非不确定，故不能理解为无偿移交后"用于公益事业或以社会公众为对象"。后续做视同销售处理，计税价格的确定需要按照财税〔2016〕36 号文附件 1 第四十四条的有关规定处理。

（二）配建保障房无偿移交给政府的土地增值税处理

1. 观点之争：是否构成非货币性资产交换

对于土地增值税的处理，有两种观点：一种观点认为要视同销售处理，判断的理由是根据《国家税务总局关于房地产开发企业土地增值税清算管理有关问题的通知》（国税发〔2006〕187 号）第三条规定视为房地产开发企业换取其他单位和个人的非货币性资产，发生所有权转移时应视同销售房地产[①]。同时根据《国家税务总局关于土地增值税清算有关问题的通知》（国税函〔2010〕220 号）第六条规定回迁安置用房视同销售处理。另一种观点认为不需要做视同销售处理。配建保障房为无偿移交，竞得人并未取得转让房地产收入，根据《土地增值税暂行条例实施细则》

---

① 《国家税务总局关于房地产开发企业土地增值税清算管理有关问题的通知》（国税发〔2006〕187 号）第三条："非直接销售和自用房地产的收入确定中：（一）房地产开发企业将开发产品用于职工福利、奖励、对外投资、分配给股东或投资人、抵偿债务、换取其他单位和个人的非货币性资产等，发生所有权转移时应视同销售房地产，其收入按下列方法和顺序确认：1. 按本企业在同一地区、同一年度销售的同类房地产的平均价格确定；2. 由主管税务机关参照当地当年、同类房地产的市场价格或评估价值确定。"

（财法字〔1995〕第 6 号）第二条与第七条的规定①，竞得人无偿移交配建保障房不视为转让房地产收入（没有取得收入）。配建保障房施工成本归集为取得土地使用权所支付的金额中的按国家统一规定缴纳的有关费用，按有关规定扣除。

2. 分析思路：符合税法定义才能征收

以上两种观点都有相应的政策依据，但论证并不严密。从第一种观点看，认为配建保障房移交政府是一种换取其他单位的非货币性资产的行为（国有土地使用权），似乎不妥。从房地产开发的全流程看，拿地约定配建保障房无偿移交给政府，是合同的条款之一，无偿移送是履行合同义务的行为。同意无偿移送是一种赠与行为，如果建成后无偿移送视为换取非货币性资产，是否意味着要增加土地出让金支出？而通过招拍挂取得国有土地使用权，土地出让金是合同当中约定的数额，后续核算和计量均以此为准。按照《土地增值税暂行条例实施细则》（财法字〔1995〕第 6 号）第七条的规定，取得土地使用权所支付的金额，是指纳税人为取得土地使用权所支付的地价款和按国家统一规定缴纳的有关费用。如果当作换取非货币性资产，那么在计算土地增值税时，取得土地所有权所支付的金额包括土地价款（土地出让金）和按国家统一规定缴纳的有关费用，而此处并无相关政策文件明确规定。

笔者更倾向于第二种观点，此处不需要做视同销售处理。根据财法字〔1995〕第 6 号文的相关规定，确认收入的条件排除了赠与方式无偿转让房地产的行为，且企业此部分房产的处置并未为企业带来经济利益的流入（未取得收入）。按照这一思路，在土地增值税核算中，从房地产开发项目的整体性考虑，即使该部分保障房不需要做视同销售，开发建造成本仍可以扣除，不可售面积的价值通过可售面积部分实现。

（三）配建保障房无偿移交给政府的企业所得税处理

1. 视同销售观点的理由不一致

对于配建保障房无偿移交政府的行为，初始产权在房地产企业的情况

---

① 《土地增值税暂行条例实施细则》（财法字〔1995〕第 6 号），条例第二条："所称的转让国有土地使用权、地上的建筑物及其附着物并取得收入，是指以出售或者其他方式有偿转让房地产的行为。不包括以继承、赠与方式无偿转让房地产的行为。"

下，房产所有权发生转移，虽无经济利益的流入，但符合企业所得税视同销售的有关规定，按照国税发〔2009〕31 号文的规定①，不管是理解为换取非货币性资产还是理解为捐赠，都属于视同销售情形，需要按照国税发〔2009〕31 号文第七条的规定确认视同销售收入。确认销售收入需要结转成本，对成本的归集有以下两种观点：

第一种观点认为应按照国税发〔2009〕31 号文第二十七条规定，比照土地征用费用及拆迁补偿费用归集，作为开发成本在税前扣除。理由是配建保障房的建设成本应属于为取得土地开发使用权而发生的费用。第二种观点认为应按照国税发〔2009〕31 号第十七条规定，将保障房视为大市政配套或公共配套来对待。开发产品计税成本支出，归集到公共配套设施费。

2. 分析思路：主体不适格不能视同销售

政策中相关方为"其他企事业单位和个人"，列举范围并不含政府或政府指定的管理机构，该类配建房应按条文规定移交。配建并无偿移交是拿地的前置条件之一，可类比为公共设施配建比例的提高，配建移交行为只是一种合同履约行为，企业并未获取实质的经济利益流入；配建房产权实质直接归属政府，并不属于正常的开发产品，因此不能适用国税发〔2009〕31 号文中的相关规定。

在不确认视同销售的情况下，笔者认为，各项成本支出可以税前扣除。保障房的建设开发流程与其他自有商品房一致，且保障房建筑面积占比不低，按照某个费用科目归集欠妥，按照《中华人民共和国企业所得税法》第八条的规定，企业实际发生的与取得收入有关的、合理的支出，包括成本、费用、税金、损失和其他支出，准予在计算应纳税所得额时扣除。保障房部分的成本是企业取得收入有关的合理的支出，虽然这部分没有取得经济流入，但企业项目整体收益可以通过其他自有部分商品房上来实现，应做一个整体来看待。因此，保障房部分应与其他商品房一样按面积归集成本，在所得税前扣除。

---

① 《国家税务总局关于印发〈房地产开发经营业务企业所得税处理办法〉的通知》（国税发〔2009〕31 号）第七条："企业将开发产品用于捐赠、赞助、职工福利、奖励、对外投资、分配给股东或投资人、抵偿债务、换取其他企事业单位和个人的非货币性资产等行为，应视同销售，于开发产品所有权或使用权转移，或于实际取得利益权利时确认收入（或利润）的实现。确认收入（或利润）的方法和顺序为：（一）按本企业近期或本年度最近月份同类开发产品市场销售价格确定；（二）由主管税务机关参照当地同类开发产品市场公允价值确定；（三）按开发产品的成本利润率确定。开发产品的成本利润率不得低于15%，具体比例由主管税务机关确定。"

（四）配建保障房无偿移交给政府的其他税处理

1. 契税的处理

根据契税纳税人的定义，在我国境内转移土地、房屋权属，承受的单位和个人为契税的纳税人。[①] 一种观点认为，如果房屋初始产权登记在房管部门，土地权属没有发生变化，但房屋权属转移，需要按照建安成本补缴契税。另一种观点认为，房屋初始权属登记在房产企业，则无偿移交带来房地权属转移，按成交价格计征契税。根据财税〔2015〕139 号文中对购买住房作为公共租赁住房免征契税的规定[②]，同样用于公共租赁住房的无偿移交行为，可比照免税处理，政府房管部门免缴契税。在当前房地一体原则下，第一种观点的处理可行性不高，也使问题的处理变得复杂。笔者更倾向于两种情况下都做免税处理，更符合政府促进保障房建设的政策意图。

2. 城镇土地使用税及印花税的处理

根据财税〔2015〕139 号文的相关规定，目前针对配建保障房无偿移送政府的行为中，之前在建和之后占用的城镇土地使用税处理，都可以适用免税处理。对于无偿移交行为的印花税处理，可以比照该文件规定，做免征印花税处理。这种处理也符合当前减税降费大的历史背景。

三、配建保障房无偿移交政府的税务处理建议

（一）业务实质分析

相较以往的房地产开发，"限地价、竞配建"的土地竞拍模式实际上

[①]《中华人民共和国契税暂行条例细则》第九条条例所称成交价格，是指土地、房屋权属转移合同确定的价格。包括承受者应交付的货币、实物、无形资产或者其他经济利益。

[②]《财政部 国家税务总局关于公共租赁住房税收优惠政策的通知》（财税〔2015〕139号）："三、对公共租赁住房经营管理单位购买住房作为公共租赁住房，免征契税、印花税；对公共租赁住房租赁双方免征签订租赁协议涉及的印花税。"

是"以房换地"。假定某块土地正常市价 1.5 亿元，政府出让土地后获得 1.5 亿元的土地出让金，需要拿出 5000 万元委托代建或购买房产作为保障房，用于民生需要，履行自己的公共住房兜底职责。现在市场反馈房价太高，根源在地价太高，所以政策指向要限地价，但政府一方面要卖地（低价），一方面要提供保障房（花钱），所以两件事情杂糅在一起。"无偿移交"一词，既不同于逼捐的"捐赠"，也不同于一般的"代建行为"。有法院判决书指明，配建保障房价款是土地出让价款的一部分，应计入土地出让成交价款总额中①。但实务中税务局并不认可，所以在实务处理中存在不小的争议。

那么以"以房换地"能否得到认可呢？从实务操作层面来看较为困难。在国有土地出让合同中，约定的土地出让价格就是 1 亿元，配建保障房（5000 万元）只是合同履行的一个条件，并不是一个严格意义上的支付对价。当然也获取不了政府出具的任何财务凭证，不能在各个税种中做税前扣除项的项目，形式要件缺失。

从业务流程看，配建保障房存在大确权和小确权的问题，初始产权登记会不会影响"视同销售"的认定呢？部分文献观点指出，初始产权确权在房地产开发企业，则无偿移交涉及产权转移的问题，被认定为视同销售的概率较大。但从业务情况看，初始产权的登记不会影响房产的确权和过户。实务中如果房地产开发企业开票给政府指定部门或企业，则不存在视同销售问题，本身已经是销售行为，在增值税语境下，正常购销处理即可，较为复杂的地方在于无票移送的处理。

（二）税务处理建议

1. 增值税不开票，争取无票落户

对于存量项目，土地出让合同条款及相关保障房配建协议条款均已固定，登记流程若无法改变，需要经过转移登记至房管部门的，争取不开票落户。若已经开票，正常购销处理即可②。建议按照建造成本价开票，做

---

① 《甘肃华陇房地产开发有限责任公司、兰州市土地储备中心建设用地使用权合同纠纷二审民事判决书》，中华人民共和国最高人民法院，民事判决书（2018）最高法民终 408 号。

② 此处涉及的问题是，该部分没有进项配比，如果再扣除一次，则从整个项目看，进项扣除部分会被扣除两次，不符合增值税计税原理。

到该部分实质无税负。

2. 土地增值税不做视同销售处理，正常支出可扣

配建的保障房属于公共配套设施且满足"建成后无偿移交给政府"的条件，无须视同销售处理，且对应的建造费用应按公共配套设施费计入成本进行扣除。

3. 企业所得税不做视同销售处理，建安成本税前列支

从项目整体考虑，一部分正常开发的商品房获取了"超额利润"，建立在一部分"无偿移交"基础上，所以无偿移交部分不做收入处理，且成本支出可扣。

4. 其他风险管控建议

对于后续新增项目，建议参照上海的处理方式，在土地出让合同及相关保障房配建协议中直接明确，移交环节房地产开发企业作为建设主体在办理初始产权登记时，直接登记至政府或政府指定管理机构，从权属源头排除后续税收处理上视同销售的涉税风险。

四、小结

当前在政府大力推进保障房建设的过程中，房地产开发企业开发的项目多有涉及这部分业务。在税务处理上需要以税法为依据，结合业务实质进行判断，在政策不够明确的情况下，加强与当地税务部门的沟通，争取达成共识，减小税务处理的风险，实现税收利益的最大化。

参考文献

［1］陈冉，赵国庆. 新规下房企配建保障房的税务处理［J］. 财务与会计，2018（17）.

［2］福建省税务学会课题组. "限地价、竞配建"供给模式涉税风险研究［J］. 税务研究，2019（1）.

［3］王军辉. 海宁在新税改下的政策分析——关于"限地价、竞配建"模式下涉税问题的探讨［R］. 2018年海宁市财政学会优秀课题研究成果集，2018.

减税降费对县域经济的
影响研究

——以海宁市为例

陈　琳　张剑帆　诸铀镭*

摘　要　减税降费是中央供给侧结构性改革的重要举措，力求通过普惠性的减税降低生产成本，优化产能结构，实现经济由高速度增长向高质量增长的转变。海宁作为全国百强县，近年来也面临着经济增长速度下降，传统产业发展动力不足，新兴产业尚未形成规模的困局。本文从减税降费意义和对经济的影响机制入手，从财政收入、生产成本、可支配收入和社会预期等方面测算分析了减税降费政策对海宁经济的影响，并从企业、政府和税务部门三个层面提出了进一步落实减税降费政策，实现县域经济高质量增长的意见建议。

关键词　减税降费；县域经济；降成本

习近平总书记在 2018 年中央经济工作会议上强调，要实施更大规模的减税降费。党中央、国务院陆续推出了深化增值税改革、社保费降率、个人所得税综合征管改革、小微企业普惠性减税等多项减税降费政策，力求减轻企业税费负担，增强经济活力。针对减税政策的影响效应，学界有较多的理论与实证研究，但是以往的研究或者从全国层面测算减税的规模，显得较为宏观，或者以具体的企业进行财务测算，又显得过于微观，而较少从县域经济角度进行研究。从历史经验来看，县级政府承担了落实中央经济政策的任务，对县域经济的发展有着巨大影响，而县域经济又是全国经济的重要组成部分，因此，考察减税降费对县域经济的具体影响对于评价中央减税降费政策的实际效应有着巨大的实践意义。

---

　*　作者简介：陈琳、张剑帆、褚铀镭，国家税务总局海宁市税务局课题组，组长陈琳。

一、减税降费的政策意义

（一）减税降费是优化营商环境、重塑国际比较优势的重要手段

从改革开放 40 多年经验来看，持续扩大开放，充分利用外资，深度参与和融入国际市场，是实现经济增长的重要一环。近年来，以英国"脱欧公投"等为肇始，国际贸易保护主义呈愈演愈烈之势。随着我国人口红利消退，劳动力成本上升，针对外资的超国民待遇税收优惠政策取消，我国对于外资的吸引力有所下降。减税降费有助于增强我国对外资的吸引力。从数据上来看，2015 年以来我国外商直接投资（FDI）数据同比增速逐年下滑。因此，在美国等国家纷纷出台减税政策的背景下，推进减税降费，大幅降低我国宏观税负率，对于我国重塑国际比较优势，增强外资吸引力有着重要作用。减税降费也有助于提升"中国制造"的国际竞争力。近年来，我国劳动力成本、资源要素价格高企，我国产品在全球市场上的成本优势越来越不明显。减税降费，可以有效减轻我国产业特别是制造业的生产成本，同时，节税可以为企业研发创新提供更多资金支持，从而提升产品的质量，从成本和质量两方面提升中国制造的国际竞争力。

（二）减税降费是应对经济下行压力、实施积极财政政策的重要内容

目前，我国经济形势总体平稳，但是在全球经济复苏乏力，全球贸易环境不确定性增大的背景下，经济下行压力有所加大，长期积累的风险有所暴露，产能过剩等结构性问题突出，经济在稳中有进的大趋势下隐藏着稳中有变的不确定性。为此，中央启动了供给侧结构性改革，提出了"六稳"① 的目标。在供给侧结构性改革的背景下，实施中央对经济的管理由需求侧管理转向供给侧管理，而积极的财政政策也由支出端增加支出直接刺激需求改为收入端减少收入刺激供给间接影响需求。20 世纪 80 年代，

---

① 六稳：稳就业、稳金融、稳外贸、稳外资、稳投资、稳预期。

美国、英国在面对经济危机的情况下，进行供给改革，通过以减税为主的政策，较为成功地解决了经济滞胀的问题。因此，减税降费是供给侧结构性改革背景下，积极财政政策的重要内容是应对当下经济下行压力的"硬招"和"实招"。

（三）减税降费是经济由高速增长向高质量增长转型的必然要求

改革开放以来，我国经济经历了几十年的高速发展，但是经济客观规律决定了经济的高速度增长不可能一直持续，同时经济的发展除了速度的要求，也有质量的要求，不同的时代对经济发展有着不同的诉求。习近平总书记在党的十九大报告中指出：中国特色社会主义进入了新时代，我国社会主要矛盾已经转化为人民日益增长的美好生活需要和不平衡不充分的发展之间的矛盾。因此无论是经济客观规律，还是时代发展的要求，都决定了我国经济的发展将由高速度增长向高质量增长转型。经济转型必然带来阵痛期。随着经济增速的放缓，低端产能过剩的问题将更加突出，市场竞争将更加激烈，同时企业需要加大科研、环保等方面的投入来实现转型，其面临的资金压力和生存压力大幅提高。因此，在经济增速换挡和结构转型的阵痛期，迫切需要减税降费政策来纾解企业资金压力、成本压力和生存压力，提振企业乃至全社会的发展信心，从而更好地促进经济由高速度增长向高质量增长的转型升级。

二、减税降费对县域经济的影响机制

作为供给侧结构性改革的重要手段，减税降费政策对经济的影响从机制上来看：一是减少了政府财政收入，进而制约了政府财政支出；二是减轻企业税费负担，降低生产成本；三是降低了居民个人的边际税率，增加了可支配收入；四是增强全社会对经济增长的信心，稳定社会预期（见图1）。

（一）减少地方财政收入，制约财政支出

在供给侧结构性改革以降成本为主要目标的情况下，减税降费的同时，

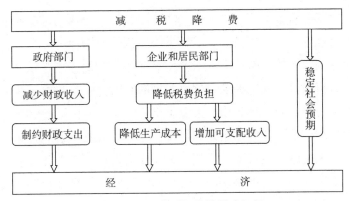

图1 减税降费对经济的影响机制

不能通过增加政府负债等方式增列财政赤字，因此，由于财政"三元悖论"① 的存在，减税降费将不可避免地缩减政府的财政收入，进而制约政府财政支出。在现行收入分配模式下，增值税、企业所得税作为中央和地方共同负担的税种，其减税对收入的减收影响将由中央政府和地方政府共同负担，其他税种的减税影响则全部由地方政府承担，因此本轮减税降费对地方政府财政收入特别是县级财政收入的减收影响高于对中央财政收入的影响。而财政收入的减少，一方面，在民生支出、一般性支出的刚性情况下，必然将制约地方政府在产业发展、经济转型等方面的支出力度。另一方面，财政收入的减少也将倒逼各级政府树立过"紧日子"的思维，加快政府机构精简改革和职能转变，提升财政收支管理能力，实现减员增效，中长期来看有利于社会发展进步。

（二）减轻企业税费负担，降低生产成本

本轮减税降费的首要目标就是通过减税降低全社会的生产成本。从我国经济税收实际情况和具体的减税降费政策来看，降成本首先是降低企业税费负担，进而降低资源要素价格，最终实现生产成本下降。

1. 降低企业税费负担

一直以来，中国高居福布斯税负痛苦指数②排行榜前列，且企业和居

---

① 财政"三元悖论"：减税、增加公共福利支出、控制政府债务与赤字水平三大目标，至多只能实现两项。

② 福布斯税负痛苦指数：该指数通过将一国主体税种的最高边际法定税率直接加总得到。

民部门普遍感受税负较重。但是高培勇（2016）① 计算了 2014 年我国政府全部收入规模与 GDP 之比，显示我国宏观税负比率为 35.42%，与全球主要工业化国家平均 39% 的税负比率对比来看，仅处于中上水平。造成我国税负痛苦指数高于实际税负率这一差异的原因：一是我国企业税费负担过高。在现行税收收入体系中，来源于企业的税收占比接近 90%。二是间接税负担过高。我国税收体系以间接税为主，间接税比重达 70%。间接税与企业盈亏无关联，以增值税为例，企业发出货物纳税义务即成立，此时企业不仅不能确定是否能够盈利，甚至不能确定该笔交易是否能够顺利收回货款，因此，同样税率的间接税其税负痛苦指数远高于同样税率的直接税。

2. 降低资源要素价格

现阶段，企业主要面临材料成本、用工成本和资金成本三大成本高企的困境。我国绝大部分税收可以作为产品价格的构成要素，从而抬高了原材料等资源的价格，加大了材料成本。随着人口红利的逐渐消退，社会保障压力加大，企业承担了绝大部分的社保费负担，导致企业用工成本高企。畸高的企业税费负担比例也增加了企业的资金成本。其中增值税作为生产经营中最重要的税种，尽管在原理上设计了进销项抵减的机制，但是由于进项与销项产生的时间性差异，导致企业资金被占用，全国有上万亿元的增值税留抵税款，相当于上万亿元企业资金被政府无偿占用，进一步推高了企业的资金压力和资金成本。通过减税降费，可以有效降低企业的生产成本。

（三）增厚企业利润，增加居民可支配收入

新修订的《中华人民共和国个人所得税法》（简称新个税法）的实施，通过增加专项附加扣除项目和扩大综合所得中低税率级距的方式，增加了居民的税后收入；同时减税降费可以有效减轻企业税费负担，降低全社会生产成本，进而增厚企业利润，既可以增加企业研发投入的资金，扩大投资，也可以增加企业利润分配，增加居民收入。居民可支配收入的增加，可以刺激需求，从需求侧刺激经济增长。

---

① 高培勇：中国社会科学院副院长、学部委员。

（四） 提振信心，稳定社会预期

从经济发展经验来看，预期管理在经济宏观调控中的作用巨大。美联储每月的议息会议和讲话是对经济进行预期管理和引导的典型代表。中央提出的"六稳"目标中最后一点就是"稳预期"。从当前经济发展情况来看，国际政治、贸易等不确定性影响了经济发展的不确定性，进而导致社会对于经济的增长预期不稳定，全社会对于投资、研发和创新的动力就减弱，经济的整体活力就下降，最终导致经济内生的转型升级缺乏动力。因此，"稳预期"对于促进经济转型发展意义重大。本轮减税降费，以普惠性减税代替结构性减税，不仅减轻了社会的税费负担，更是向全社会传递了中央以政府收入的"减法"换取企业受益的"加法"和经济活力的"乘法"的决心，有效地引导和稳定全社会对我国经济持续健康发展的预期，提振了国民对经济发展的信心。

三、减税降费对海宁经济的影响

（一） 海宁经济发展现状

海宁，作为一个坐落于杭州湾钱塘江畔的县域经济体，抓住了改革开放的有利契机，以皮革、经编、家纺等轻工产业为主，大力开展对外贸易，改革开放以来经济快速发展，连续多年跻身全国百强县行列。但是现阶段，海宁也面临着转型升级的压力：经济增速放缓，传统产业发展面临瓶颈，增长动力不足，同时新兴产业发展尚未形成规模。

1. 经济增速放缓

2017 年海宁 GDP 增速达 8%，2018 年 GDP 增速仅 6.1%，2019 年上半年 GDP 增速有所回升，达 6.5%。总体来看，GDP 增速告别了之前 8% 左右的高增速，回落到 6% 左右的增速。同时海宁经济对外贸的依存度较高。2018 年海宁出口总额 506 亿元，GDP 总额 948 亿元，出口总额占 GDP 的比重达 53.33%，而美国又是海宁出口第一大市场。因此在中美贸

易摩擦愈演愈烈的局势下，海宁经济的发展面临着更大的不确定性，2019
年上半年全市出口增速仅 5.7%，同比下降 8 个百分点，其中对美出口同
比下降 11.9%。

2. 传统产业发展面临瓶颈

海宁产业结构以皮革、纺织、家具等传统轻工业为主。皮革等传统产
业多由手工作坊发展而来，至今仍然存在着"低散乱"的特点，资源要素
利用率低。随着劳动力成本优势逐渐丧失，环保压力越来越大，低端市场
产能饱和，价格战呈白热化，特别是中美贸易摩擦下，关税加征使得传统
产业经营形势雪上加霜：2019 年上半年，经编产业规模以上产值增速仅
2%，家具制造业规模以上产值更是下降 2.6%。出口方面，皮革、纺织品
和家具出口增速分别为 4.2%、3.2% 和 -15.8%。

3. 新兴产业发展尚未形成规模

在传统产业发展触碰天花板的情况下，海宁正积极谋求产业的转型升
级。其中以美大、火星人为代表的集成灶产业 2016 年以来保持高速增长，
但是产业整体体量较小，全产业税收占比不到全市税收的 1%。同时，海
宁正大力发展的泛半导体产业尚处于培育阶段，未来的发展仍然面临着相
当大的不确定性。

可以看到，海宁县域经济所面临的形势和转型需求与全国经济有着高
度的相似性，减税降费对海宁县域经济的影响很大程度上反映了减税降费
对于全国经济的影响效应。

（二）减税对海宁财政收入的影响

2019 年 1～7 月海宁市应征税收（含免抵）106.46 亿元，2018 年同
期 118.58 亿元，同比减少 12.12 亿元，下降 10.22%。其中减税政策减少
本期税收收入 11.6 亿元，占全部应征税收的 10.9%，显示减税政策对组
织收入的减收影响较大。

我国各税种预算分配比例不同，本轮减税降费各税种中，增值税是中
央占 50% 县区占 50%，企业所得税和个人所得税是中央占 60%、县区占
40%，其余税种多为县区占 100%。同时，县级政府财政收入的来源更为
单一，可调整的空间更小，因此减税降费政策组合对于地方政府特别是县

级政府财政收入的影响更大。

经测算，中央减税降费政策"组合拳"预计减少海宁 2019 年税费收入超 24 亿元，其中税收收入 22.2 亿元，非税收入（不含社保）1.7 亿元，减少一般公共预算收入超 13 亿元，占 2019 年海宁财政预算收入的 13%，海宁财政承担的减收比例超过了 50%。

在收入减收的背景下，财政支出刚性增长，稳增长、促改革、调结构、惠民生、防风险等增支需求依然较大，特别是对产业转型发展尤为重要的产业投资、人才引进等支出需求尤为激烈，财政收支矛盾较为突出。

（三）减税降费对企业生产成本的影响

降成本是本轮减税降费的主要目的。减税降费各项政策特别是深化增值税改革政策首先将大幅减轻涉企税费负担，进而降低各项资源要素如材料、人工、资金的成本，最终实现全社会生产成本的下降。

1. 降低涉企税费负担

2019 年上半年，海宁市新增减免税费 14.86 亿元，降低宏观税费负担 3.35 个百分点。其中企业（不含个体工商户）税费减免约 11 亿元，占全部新增减税的比重达 74%。其中，增值税减免 5.26 亿元，降低增值税应税销售税负率 0.53 个百分点。减税使企业效益进一步改善。2019 年上半年，全市 1497 家规模以上企业实现利税总额 64.83 亿元，同比增长 7.8%。其中实现利润 37.46 亿元，占比 57.78%，同比增长 17.4%。规模以上企业利润增速显著高于利税总额增速。从税费来源来看，2019 年上半年全市来源于企业的税费收入（不含社保）占全部税费收入的 90%，低于上年同期 2.36 个百分点。

2. 降低资源要素成本

减税降费首先通过"真金白银"的节税减轻企业的现金流压力，同时，增值税税率下调缓解了企业采购过程中资金的占用，降低了企业资金成本。随着增值税留抵退税政策的开展，企业资金压力将进一步减轻。其次是社保费减免降低了企业用工成本。2019 年上半年，全市社保费减免 2.74 亿元，同时暂停社保费年度结算减少了社保费收入约 2.06 亿元，合计减轻企业社保费负担 4.8 亿元，占单位缴纳社保费的比例达 30%。最后是降低了原材料等成本。短期来看，由于税负转嫁等原因，产品价格下调并不明显，甚至部分企业反映在增值税税率下调之后，企业采购总价不变，不含税成本反而增加了，但是随着税费、资金以及人工成本的下降，企业盈利空间增大，打开了产品价格下调的空间，长期来看，必将减轻原材料等成本。2019 年上半年海宁规模以上工业企业每百元主营业务中成本为 86.82 元，同比降低 0.55 元。预计随着减税效应的不断显现，生产成本将会进一步下降。

（四）减税降费对居民可支配收入的影响

本轮减税降费主要通过个人所得税综合征管改革降低居民个人所得税纳税负担，直接增加居民可支配收入，同时通过降低企业税费负担，增加企业特别是小微企业效益，来间接增加居民可支配收入。2019 年上半年，海宁城乡居民人均可支配收入 28605 元，同比增长 10%，人均生活消费支出 15335 元，同比增长 8.8%，同时全市消费品零售总额 227 亿元，同比增长 9.6%，均高于 GDP 增速。

1. 个人所得税减免

2015 年以来，海宁工资薪金个人所得税持续增长，由 2015 年的 3.68 亿元增长到 2018 年的 6.66 亿元，年均增长超 20%。随着新个税法的实施，2019 年 1～7 月全市工资薪金个人所得税 2.77 亿元，同比下降 39.62%，显示新个税法对工薪阶层减税明显。1～7 月总计减免个人所得税 2.91 亿元，以此测算，全市工薪阶层个税减免幅度超 50%。

2. 小微企业减免

小微企业在海宁经济中扮演着重要角色，是民营经济的重要组成部分，在吸收就业、创造财富、提升市场活力等方面有着巨大作用。本次小微企业普惠性减免政策，从增值税小规模纳税人减免以及企业所得税小型微利企业减免两方面着手，将优惠政策覆盖了全部小微企业，真正做到了"普惠"。2019 年 1～7 月小微企业普惠政策共计减免税费 1.88 亿元，惠及纳税人 29135 户次（含个人）。预计下半年皮革产业旺季，小微企业普惠性减税政策将释放更大的减税红利，也将间接地进一步增加居民可支配收入。

(五) 减税降费对稳预期的影响

本轮大规模减税降费，彰显了中央大刀阔斧推进改革、优化营商环境的决心。税务部门通过大规模的宣传培训以及大力度的追溯性退税进一步提高了全社会对中央减税降费政策的知晓面，增强了对中央供给侧结构性改革举措的认同感。在中美贸易摩擦愈演愈烈、经济处于结构性调整"阵痛期"，在经济下行压力增加的当下，大规模的减税降费政策切实稳定了社会对经济发展的预期，具体表现为新办企业数量增加、投资意愿进一步增强。

1. 新办企业数量增加

2019 年上半年全市新办税务登记企业（含个体）9477 户，同比增长21.39%，显示减税降费背景下，群众对未来经济持续增长的信心。减税降费提升了对外资的吸引力。2019 年上半年新设外商投资企业 35 家，同比增长 59.1%，实际利用外资 2.86 亿美元，同比增长 25.6%，显示外资对未来发展的乐观预期。

2. 投资意愿进一步增强

2019 年上半年，海宁市实现固定资产投资 238.3 亿元，同比增长10.2%，且投资增速逐月提升。2～6 月全市有效投资增速分别为 4.3%、8.1%、8.4%、9.2%、10.2%。其中高新技术投资 35.56 亿元，同比增长 93%，生态环保投资 12.36 亿元，同比增长 20.4%。在减税降费背景下，企业家的信心也更足了，对创新研发的投入更为积极。例如，某半导体上市公司，由于全球半导体行业整体处于历史库存高位，市场竞争激烈，2019 年上半年公司经营效益较差，但是企业持续加码研发投入，2019年上半年研发投入 7720 万元，较 2018 年同期增加 2784 万元，同比增长达 56.4%。该公司董事长更是表示，所有减免税费将全部投入人才引进、设备升级和产品研发上，进一步提升企业的核心竞争力。

四、进一步落实减税降费政策、促进经济发展的意见建议

（一）企业层面

1. 加强税收筹划，充分享受税收优惠

本轮减税降费主要通过深化增值税改革、社保降费等措施减轻企业税费负担。企业是最大的受益方，因此应当及时关注相关税收优惠政策的出台，仔细研究政策适用情形和要求，结合企业自身实际情况，加强税收筹划，充分享受税收优惠红利。

2. 健全财务核算，算好减税账本

下调增值税税率等政策带来的减税效应难以直观测度，企业应当加强财务核算，详细测算减税对企业生产经营、投融资等各方面的影响，并据此做出产品价格调整，从而提升产品市场竞争力；修订材料采购方案，确保不因税率等变化导致材料成本上升；妥善安排投资、融资以及股利支付等计划，最大限度提升企业经营收益。

3. 加大产研投入，顺势转型升级

随着减税降费政策的落地，经济链条各环节的税费负担将大幅减轻，生产成本下行。企业应当借此机会，加大对先进机器设备的采购，加大对技术人才的吸纳，提升技术研发投入，淘汰落后、低端产能，提升产品科技含量，提高产品和服务的市场竞争力。

（二）政府层面

1. 加强财政预算管理

本轮减税降费举措是制度性、长期性安排，且在可预期的未来有进一步加码的可能，对于收入的减收影响可能持续 2～3 年，因此需要强化财

政预算管理，以应对减税对财政收支的影响。一是理顺中央与地方的事权与支出责任。本轮减税降费，地方财政承担的减收比例高于中央财政，将进一步加剧地方财政的支出压力，需要相应的调整事权和支出责任，使财政收支更为合理和匹配。特别是对于增值税留抵退税等政策，由于增值税税负的转嫁性，需要进一步设计财政分配承担机制，避免部分进项税纯流入导致地区财政减收压力过大。二是压减一般性支出。从严控制"三公"经费，提升财政资金使用效率。三是严格限制地方性债务扩张。现行体制下，随着税收收入的减少，地方政府天然有着增加举债的冲动。但是减税的同时如果加大政府举债力度，则减税的意义被对冲，进一步加大了财政资金的成本，可谓得不偿失。

2. 大力推进减负降本

一是继续大力推进减税降费，进一步精简和简并税率，降低间接税比重以及涉企税费负担。二是大力推进"最多跑一次"改革，优化营商环境，减少经济发展过程中不必要的制度性成本，配合减税降费，全面降低全社会成本。三是通过机构精简改革和职能转变，进一步打造高效政府，以自我革命的姿态向全社会传递"改革永远在路上"的决心和信心，增强全社会对坚持改革开放、实现经济持续健康发展的预期和信心。

3. 调整产业扶持政策

一直以来，各级政府的产业扶持政策在区域经济发展过程中扮演了举足轻重的角色。在经济由高速度增长向高质量增长的降速换挡期，同时叠加减税降费带来的减收影响，组织收入压力增大，政府需要调整和优化产业扶持政策。一是改粗放型扶持政策为精细化扶持，需要加强对财政扶持政策的效果考核，确保"好钢用在刀刃上"。二是产业扶持更多向新兴产业倾斜。传统产业普遍存在产能过剩、经济效益低下的问题，需要通过市场加行政的手段淘汰部分落后产能；同时新兴产业的发展面临着资金、技术等要素资源缺口，迫切需要政府的扶持与引导。

（三）税务部门层面

1. 加强政策辅导针对性

税务部门作为落实减税降费政策的主要部门，是确保减税降费政策落到实处的第一责任人。从实践经验来看，社会对减税降费的期待较高，对于减税降费政策的辅导需求较为迫切。需要在前期扩面式宣传的基础上，加大个性化辅导，提升政策辅导针对性，在"应知尽知"的基础上做到"应享尽享"。

2. 提升税收征管水平

本轮减税降费是制度性、长期性安排，具有政策透明度高，社会受益面广的特点。但是减税降费必须是在制度框架内进行减负，而不能以放松征缴要求的方式来减负。税务部门应当在减税的同时不放松正常的税费征缴，既要"应享尽享"也要"应收尽收"。通过提高税收征管水平，进一步堵塞税收漏洞，强征管与强减税相结合，促使"地下经济浮出水面"，促进经济正规化。

3. 优化纳税服务质量

减税降费是从税率、费率以及税基、费基上对纳税人、缴费人进行减负。税务部门应当从简化办税流程、提升退税效率等方面着手，进一步降低纳税人（缴费人）的办税成本，提升办税体验。

参考文献

[1] 刘尚希. 稳预期的减税降费助力中国经济行稳致远 [J]. 清华财经评论，2019（4）.

[2] 梁鹏，彭亚星. 积极财政政策转型：减税降费应成为政策主方向 [J]. 经济学研究，2019（3）.

[3] 高培勇. 减税：中国的复杂性 [J]. 国际税收，2016（1）.

[4] 高培勇. 我们究竟需要什么样的减税降费 [J]. 财经界，2019（1）.

[5] 陈小亮. 中国减税降费政策的效果评估与定位研判 [J]. 财经问题研究，2018（9）.

[6] 何代欣，张枫炎. 中国减税降费的作用与关键环节 [J]. 经济纵横，2019（2）.

海宁市数字经济涉税问题的
相关研究

沈 健 郁 晓*

摘 要 近年来，数字经济在推动社会经济发展中扮演着重要的角色，然而与之相关的税收政策和征管方式似乎并没有跟上数字经济发展的步伐，数字经济也因其本身的特点对各国税收征管提出了全新的要求。面对数字经济浪潮所带来的全新税收挑战，以经济合作与发展组织（OECD）为代表的国际组织、部分发达国家和发展中国家纷纷进行全新的尝试和探索，积累了宝贵的实践经验。本文以海宁市为例，对数字经济下的相关涉税问题进行探讨，分析得出目前的数字涉税问题主要包括：应税主体难以区分、征税对象难以确定、应纳税额确定存在一定困难。通过分析国际经验以及结合目前我国的实际情况，本文提出数字经济税收征管的建议：结合新技术进行数字化征管，完善与数字经济相关的税收政策。

关键词 数字经济；涉税问题；税收征管；应对措施；国际借鉴

一、数字经济的概述

（一）数字经济概念及内涵

数字经济时代是农业经济、工业经济之后的一种新的经济社会发展形态，农业经济的基础要素是土地，工业经济的基础要素是机器，而数字经

＊ 作者简介：沈健，浙江财经大学财税学院硕士研究生。郁晓，浙江财经大学东方学院教授。

济的基础要素就是大数据。

大数据作为一种基础性和战略性资源，是提升民众生活品质、国家治理能力的"富矿"。国家高度重视的"新基建"战略布局中，大数据中心的建立，也是希望助力牢固信息化"地基"建设，推动数据要素参与到更多价值的创造和分配，保障高质量的社会发展。

网络零售有更低的运营成本和更高的运行效率，对一个零售企业来说，库存周转天数和账期是衡量一个企业运行效率的最重要的两个指标，网络零售商在这两个指标上的表现远远高于线下零售店。网络零售有线下实体店难以比拟的优势，如海量的货柜、不受物理空间的限制等。

数字化品类发展经历从标准化商品到非标准化产品的发展路径。早期网络零售多数是以标准化商品起步，如图书、酒水，但是非标准化商品、个性化商品有很大的机会，如生鲜电商，标准化很低，流通的损耗很大。但是目前，我国大数据管理尚无针对公共数据管理规范的诸多现实痛点。

（二）数字经济的发展现状

1. 数字经济发展宏观现状

近年来，我国的数字经济发展迅速，整体规模也在持续扩大，数字经济增加值从 2005 年的 2.6 亿元增加到 2019 年的 35.8 亿元；此外，数字经济在 GDP 所占的比重也是越来越高，从 2015 年的 14.2% 已经提升到了 2019 年的 36.2%，由此可见，数字经济已经成为我国经济发展的重要骨干力量。一方面，与世界上一些发达国家相比，2013 年我国数字经济总量首次超过日本，排在世界第二位，但是距离世界第一的美国仍然存在较大差距。另一方面，虽然我国数字经济占 GDP 的比重逐年上升，但是相比较于美国（56.9%）、日本（47.5%）和英国（48.3%）仍然存在很大差距。从数字经济增速与 GDP 增速的比值来看，数字经济增长速度大概是 GDP 增长速度的 3 倍。

数字经济已经成为经济发展的新热点，并受到了持续的关注。随着国家政策的不断出台，中国经济的发展呈现繁荣景象。2016 年，杭州 G20 峰会发布了《二十国集团数字经济发展与合作倡议》；2017 年，数字经济被首次写进政府年度工作报告，成为国家发展战略，习近平总书记也提出了将发展数字经济作为我国创新增长的主要路径;2018 年的政府工作报告中,李克强总理再次指出要打造"数字经济新优势",作为以大数据为依托的数字经济再次成为了经济发展的重点。反观大众生活,早已被网络社交平台、电子商务平台、按次付费平台三类最为典型的数字商业所充斥。

此外,在此次疫情期间,数字经济也扮演着重要的角色,在整体经济持续低迷的情况下,数字经济却成功推动了经济的快速复工复产。数字经济的可持续发展,对我国整体的经济发展起到了不可或缺的作用。

2. 海宁市数字经济发展的现状

海宁作为全国知名经济强县,近十年来数字经济蓬勃发展,在促进社会民生、提高对外贸易、增加财政税收上发挥了日益重要的作用。海宁市全面落实浙江省数字经济"一号工程"和嘉兴市"数字经济强市"建设要求,全面打造全省数字经济县域发展的"海宁样本",2019 年,全市数字经济核心产业完成工业总产值 381.55 亿元,同比增长 25.7%;实现工业增加值 73.05 亿元,同比增长 22.6%;在 2019 年度数字经济考核中位居嘉兴全市第一。海宁市以"四个聚焦"全力打造数字经济发展新亮点:①聚力顶层设计,全面提升数字经济发展环境;②聚力重点领域,做大做强两大数字产业;③聚力智能制造,加快推动产业数字化全覆盖;④聚力融合发展,全力推进长三角一体化建设。

发展数字经济是海宁加快创新发展、实现经济包容性增长和可持续发展的有效途径,将为海宁经济平稳较快增长提供新平台、新支点、新路径和新动力,积极推进数字经济发展这一重要工程,是海宁抢占未来发展制高点的战略选择,有助于实现更高质量、更有效率、更可持续的发展。实施"数字经济"一号工程是浙江省委省政府做出的重大战略部署。海宁审时度势,因地制宜,在扎实做好传统产业数字化的同时,着力做好"数字产业化"文章,把泛半导体产业培育发展作为重中之重。近两年来,按照"一年起步、二年有形、三年见效、五年上规模"的目标聚精会神加快培育和发展泛半导体产业。

二、海宁市存在的数字经济涉税问题

（一）现行的数字经济税收政策存在的问题

第一，政策之间的相关性有待完善。数字经济背景下我国当前与高新技术企业或软件企业相关的税收政策之间缺乏关联性，需要整体规划。例如，同样是整个软件产业链，软件开发企业的实际增值税税率为 3%，而与此同时软件销售企业和零售企业却不能享受到相关的税收优惠政策，国家税收政策优惠的支持主要集中在软件开发领域。

第二，部分税收政策不具有普遍适应性。对于整个数字经济产业来说，成本结构比较特殊，产业内具有大量的高新技术人才，人力成本对于数字经济产业来说占比较高，但是现行的增值税政策并不能扣除人力资本。在我国不断推进税制改革、完善税制结构、实行减税降费的背景下，数字经济产业的税负可能不但没有降低，反而还有所提高。

第三，税收优惠政策有待完善。在当前的税收政策下，对数字经济的税收优惠更多是基于相关产业，如软件产业和高新技术产业。但是在数字经济模式下，随着数字技术的应用越来越广泛，包括制造业和农业等传统产业，那么当前针对产业发展的优惠税收政策已无法满足需求。这些传统行业无法满足软件产业和高新技术产业的认定标准，自然无法享受到税收优惠，对其行业的发展不利。

第四，税收优惠政策认定标准不够公平。例如，国家规划布局内的重点软件企业和集成电路设计企业，当年未享受免税优惠的，可按 10% 的税率征收企业所得税，但是软件企业的认定标准是软件的开发经费占软件收入的 8% 以上。随着数字技术的不断发展，很多其他行业的企业也会开发相应的软件，但是由于它们并没有软件收入，因此不能享受到相应的税收优惠。

（二）现行的数字经济税收征管存在的问题

1. 数字经济涉税的特点

数字经济税收征管存在的问题主要是由数字经济涉税的特点所造成

的，数字经济涉税与传统的商业模式不同，因此给税收征管带来了全新的挑战。

数字经济作为一种新型的经济模式，有如下几个主要特点：①交易隐匿性。数字经济的交易对象大多是个体客户，往往不会提出开具发票的请求，这在一定程度上限制了税务机构的管理能力，大额交易被碎片化，交易过程难以追踪。②业务模糊性。数字化行业与传统行业属性不同，使得其属性在税法框架下具有模糊性。比如3D打印技术，可以通过技术和商品交易两种方式来实现，对此应该按哪种方式进行定性，按照服务还是按照商品征税，我国税法并没有明确的答案。③高度流动性。特许权使用费、专利技术等无形资产给企业带来的利润不断攀升，与无形资产类似，数字经济也具有高度流动性。数字经济交易大多发生在互联网等虚拟空间，可以在任何地方进行数字交易，那么税收来源地标准、长期机构规则的判定就会失效。④数据依赖性。在目前的大数据时代，数据的收集能够给企业带来巨大经济利益，例如，通过搜集用户的数据，从而改变原有的商业模式，创造更大的利润空间。在数字经济背景下，企业对于数据的依赖性进一步提高。

2. 数字经济税收征管的难点分析

（1）应税主体难以确认。随着数字经济的发展，在没有私募股权（PE）的情况下，数字经济市场既可以销售有形商品，也可以销售数字内容，还可以通过利用离岸避税天堂进行电子商务活动，以破坏各国的收入，导致企业所得税大幅减少。此外，由于数字经济交易本身所具有的隐蔽性和不可见性，税务机关很难追踪交易双方的所在地，确定应税主体困难。除了PE问题，还有数字经济本身的特征问题。根据大多数税收条约，只有在归属于某个国家的私人股本的情况下，企业利润才在该国纳税。相反，特许权使用费可根据任何适用条约的条款，在支付方所在国预扣税。无论一项交易是被定义为商业利润还是另一种收入，它都可能导致在税收协定方面的不同待遇。

（2）征税对象难以确定。"数字经济"一词通常可以追溯到1996年出版的《数字经济：网络智能时代的承诺与危险》一书。但到目前为止，关于数字经济还没有一个有用的、普遍的法律定义。在一份经常被引用的工作文件中，澳大利亚将数字经济定义为"由互联网、移动和传感器网络等平台支持的经济和社会活动的全球网络"。这是一个非常有用的字典定义的例子，人们可以想象对这一定义的解释，比如"所有与经济和社会活动有关的，由互联网、移动和传感器网络等平台实现的支付"。这一定义的问题在于，它可能既包含得过多又不够全面。

正是由于数字经济的定义模糊，导致对数字经济产品的定性比较困难，我们要明确的第一个问题就是"对服务征税还是对产品征税"。许多支付甚至可能是大多数商业支付，都以某种与数字经济网络相关的方式存在，可能很难确定这种关系何时足以强制扣缴。例如，企业提供无形商品和无形服务，两者之间本身就是难以区分的，很难划清界限，也很难区分到底对商品征税还是对服务征税。

（3）应纳税额确定存在一定困难。不同于传统行业的抵扣链条，数字经济的进项税额主要集中在无形资产和无形商品，而目前的税收政策并没有相对应的无形资产进项抵扣，那么对于数字经济产业来说是不利的。此外，数字经济的征税对象存在模糊性，对于计算销项税额也存在一定困难。

数字经济不仅在概念上挑战现行税收规则的新商业模式，也对政府的税收能力提出了严峻的现实挑战。因此，对数字经济征税措施的管理是至关重要的。

三、数字经济税收政策的国际借鉴

（一）OECD 的 BEPS 行动计划

对数字经济征税的不足是经济合作与发展组织（简称经合组织或 OECD）BEPS 项目的主要触发因素，这一部分首先审查该项目关于改革必要性的观察和结论，然后进一步支持这一结论。

BEPS 行动计划的第一项就是讨论数字经济对当前国际税收规则构成的挑战，这是基于一种学者们早就认识到的理解，因为这些国际税收规则从来就不是为数字经济而设计的。现有的税收规则未能适应技术进步和无形资产的上升，只是进行了一定的调整，显然以一种不令人满意的方式来适应这些发展。税基侵蚀和利润转移的背景很明显，因为跨国公司都严重依赖利用无形资产完美避税的税收优势，而跨国公司利用税收筹划计划引发了 BEPS 项目的启动数字经济监管。

BEPS 行动计划一的目标是适度的：生成一份报告，但经合组织很快明白，需要的不仅仅是这一点。因此，经合组织把注意力集中在几个合理的解决办法上，以解决利害攸关的最重要问题。《最终行动1》报告认为有必要在 BEPS 后进行监控，并指出数字经济工作组将继续存在，以实现实施监控的目的。首先还不清楚是否会对所讨论的所有问题采取有意义的行动，但最终，数字经济工作组（TFDE），最初是经合组织税收委员会财政事务的子公司，后转变为税基侵蚀和利润转移后包容性框架的子公司，并在 2017 年开始着手解决这一问题，在消费税问题上采取了行动。OECD 的 BEPS 项目在数字经济税收问题上的曲折道路，既暴露了问题的复杂性，也暴露了各国在最佳解决方案上的深刻分歧和利益冲突。这项工作有一点没有改变：人们认识到必须进行某种形式的实质性改革，因为目前的规则并不充分。一些国家采取的单方面行动进一步暴露了现行规则的不足和改革的紧迫性，这些国家努力达成协商一致意见来应对数字税收问题。

（二） 欧盟的数字经济税收政策

当 BEPS 项目正在制定全球标准解决方案时，各国对数字经济征税挑战的应对措施对数字经济税收政策提出的建议具有重要意义。第一，各国采取和执行的实际措施是各种自然实验，有助于评估各种解决办法的技术和政治可行性。第二，虽然现在评估这些措施的影响和效果还为时过早，但人们可以从对各种建议可能的优点和缺点的措施的反应和评估中吸取教训。

以欧盟的一些国家为例，英国采用的是转移利润税（DPT），通俗地称为谷歌税。英国的 DPT 是在 BEPS 行动 1 中第一个值得注意的单边措施，针对转移利润征收25%的税（高于正常的英国公司税率），这包括在英国没有常设机构的外国公司提供的商品和服务所产生的利润，以及对某些公司间缺乏经济实质的交易进行征税。尽管 DPT 并不直接针对数字经济具有挑战性的特性，但它的设计显然是为了对抗主导数字经济的美国跨国公司所使用的特殊结构，尤其是"双重爱尔兰/荷兰三明治"结构。因此，这种解决办法非常粗糙，充斥着无法解决的法律问题，也没有提出一种潜在的全球解决办法。这是典型的不顾对其他国家影响的单边解决方案，只有那些认为可以单方面迫使跨国公司接受其措施的强大的经济体才会采取这种措施。

其他几个国家采用了 nexus 解决方案或虚拟 PE 的方案。以色列有效地通过一份解释国内法的通告采用了这一解决方案，该通知允许类似 PE 的重大经济存在的税收。该通知确定了重大经济存在的认定标准，包括：主要通过互联网开展业务和开展下列活动（识别客户，收集或分析以色列市场信息，提供以色列客户服务，开发或维护网站）。最后，该通知明确指出，机构 PE 分析也应适用于虚拟 PE，并给出了一个在以色列的关联方代理的例子，该代理做出了所有有关合同签订的关键决定（外国纳税人的正式批准并不会逆转 PE 的地位）。在这些规则下，居住在非条约国家的企业的情况可能更糟糕，即使只进行少量上述活动，也会触发 PE 处理。尽管以色列方面的立场与 BEPS 项目存在明显冲突，但该通知已被执行，评估对象是在以色列没有实体业务的最大跨国公司。据推测，以色列税务当局的解释依赖于 BEPS 项目。

四、海宁市数字经济涉税问题的应对措施

（一）数字经济典型税收征管的探索

1. B2B 电子商务模式

尽管 B2C 和 C2C 都有预期的增长，B2B 模式仍然在数字经济中占据主导地位，目前采用的 B2B 可以分为面向中间交易市场的水平 B2B 电子商务和面向实体企业的垂直 B2B 电子商务两种模式。

（1）面向中间交易市场的水平 B2B 电子商务。水平网站可以将买方和卖方集中到一个市场上来进行信息交流、广告、拍卖竞标、交易、库存管理等，如阿里巴巴和环球资源网等都属水平 B2B 电子商务。之所以用"水平"这一概念，主要是指这种网站的行业范围广，很多行业都可以在同一个网站上进行贸易活动。水平 B2B 电子商务的利润流如图 1 所示。

（2）面向实体企业的垂直 B2B 电子商务。垂直 B2B 电子商务可以分为两个方向，即上游和下游，生产商或商业零售商可以与上游的供应商之间形成供货关系。在垂直网站的利润流方面，由于垂直网站的专业性强，面

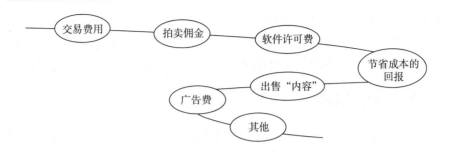

图1 水平 B2B 电子商务的利润流

临的客户很多都是本行业的，潜在购买力比较强，其广告的效用也会比较大。因此，垂直网站的广告费较水平网站要高。除了旗标广告外，垂直网站还可以通过产品列表以及网上商店门面收费。垂直网站成功的最重要的因素是专业技能。一个垂直网站面对的是一个特定的行业、特定的专业领域，因此，网站本身应该对这个领域相当熟悉。网络商品交易中心的交易方式和交易过程如图2所示。

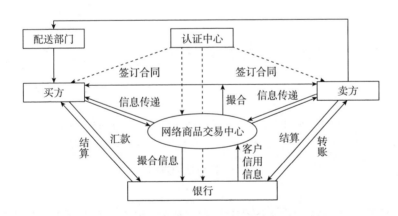

图2 网络商品交易中心的交易方式和交易过程

B2B 电子商务模式下交易场所的虚拟化交易行为的隐蔽性，使得交易发生的空间（时间和地点）具有很大的不确定性。税收征管问题最根本的原因是税收征管机构与税收主体信息不对称。在电子商务贸易行为的背景下，缺乏相应的税收管理活动，因此难以确定其主管税务机关，导致的严重后果是税款的流失。B2B 电子商务模式活动主体边界模糊、数量庞大，导致税务机关线下稽查成本过高。电子商务交易中最有力的第一手信息和证据的数字化，使得管理机构难以获得有效的税收追回证明。B2B 交易主体双方之间的信息不对称不能充分发挥主动稽查的效率，逃税行为的成本低。总之，传统的稽查方法在 B2B 电子商务模式下效率非常低。税务机关应当对企业的经营状况和财务状况进行监督，从而有效进行税收征管。

2. 平台经济模式

平台经济指的是依托平台进行交易的商业模式。所谓平台，就是连接多方供求或虚拟或真实的交易场所。

平台经济早已深入我们的日常生活，例如，淘宝店主和消费者双方在淘宝的平台上交易，淘宝连接了店主与消费者之间的电商平台模式，是电商平台的一种；微信和QQ连接了用户互联网沟通，是社交平台的一种。

平台经济的魅力在于凝聚资源，将传统经济链条式的上中下游组织，重构成围绕平台的环形链条。平台将原本冗长的产业链弯曲成了环形，B端用户通过平台直接触及 C 端用户，节省的各个环节都提高了产业效率（见图 3）。

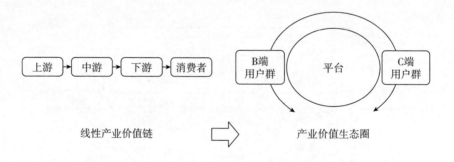

图 3　产业链的重构

从实质上来看，平台经济其实是实体商户向虚拟平台延伸，那么其本身的课税对象并没有发生本质的变化，可以从以下几点出发加强对平台经济的税收监管：①提层级，完善税收法律法规，在增值税、消费税的立法中考虑平台经济；②重支持，加大税收优惠力度，目前平台经济的税负仍然较重，为了保证平台经济的平稳健康发展，可以适当给予平台经济一定的税收优惠；③堵漏洞，推广电子发票，随着平台经济的发展，虚开发票，真票假开行为横行，从税务机关的角度出发，可以完善推广电子发票。

（二）数字经济时代完善我国税收政策的建议

1. 结合新技术进行数字化征管

面对数字经济浪潮，传统的税收征管方法显然跟不上步伐，但是信息技术的创新与进步却为税务机关提供了很好的解决方案，以技术创新来进行数字化征管，优化税款征收管理手段，用"数字化征管"化解"数字技术化"问题。以大数据为背景，建立现代税收征管体系，总体掌握涉税信息并监控涉税行为，避免偷税漏税行为发生。

2. 完善与数字经济相关的税收法律政策

现行的数字经济税收政策存在很多问题，如 PE 的认定、相关的税收优惠政策有待完善等。对于常设机构的认定标准，常设机构不一定要具有物理形态，对于传统经济来说常设机构是一个有形的概念，但是对于数字经济，我们可以引入虚拟 PE 这个概念，破除传统的地域束缚，让 PE 这个内涵更加灵活。对于相关的税收优惠政策，可以在数字经济行业给予一定的税收优惠（如人力成本抵扣等），从而保证我国数字经济的稳步发展。在制定税收政策的时候，切勿"一刀切"，结合数字经济企业的特点循序渐进制定。

3. 实施数字经济人才战略

税收现代化的推进必然要依靠人才的培养，数字经济时代，传统的税务机关人员难以匹配目前的数字化征管服务，培养数字经济战略型税收人才成为当务之急，特别是计算机与税务结合的综合型人才。全面深化数字化人事体系，利用数字化人事信息体系进行严格管理，努力创新税务工作，促进机构人员与业务的深度融合，培养能够适应未来发展需求的数字经济战略型税收人才。

五、总　结

数字经济作为当今时代无法回避的一个热门话题，是一把"双刃剑"，既促进了经济的发展，同时也对税收征管带来了巨大的挑战。海宁市作为全省数字经济强市，对于数字经济税收的征管并没有适应数字经济的发展。从海宁市税务机关的角度出发，应该与时俱进，顺应时代潮流，建立与之相匹配的税收征管机制，加强数字化税收征管，大力推行电子发票，用"大数据"解决"大数据"所带来的税收问题。同时从国家的角度出发，完善税收政策迫在眉睫，鼓励数字经济发展，给予一定的税收优惠政策。

参考文献

［1］彭有为，管永昊. 应对数字经济发展的税收政策研究［J］. 税收经济研究，2018（3）.

［2］潘虹. 关于构建"互联网+纳税服务"生态的思考［J］. 税收研究，2017（7）.

［3］Don Tapscott. The Digital Econnomy：Promise and Prril in the Age of Networked Intelligence［M］. New York：The McGraw – Hill Companies，1995.

［4］刘奇超，罗翔丹. 经济数字化的税收规则研究系列文章（一）经济数字化的欧盟税收规则：方案设计与政策评析［J］. 国际税收，2018（1）.

［5］谢波峰，陈灏. 数字经济背景下我国税收政策与管理完善建议［J］. 国际税收，2019（3）.

［6］Wawan Juswanto，Rebecca Simms. Fair Taxation in the Digital Economy［R］. Asian Development Bank Institute Policy Briefs，2017.

［7］王怡璞，王丹. 数字经济税收征管的要素分析与设计［J］. 财政监督，2020（6）.

［8］张宁. 数字经济下的税收征管路径优化研究［D］. 山东大学，2020.

［9］数字经济的税收挑战与应对［J］. 中国财政，2019（18）.

浙江省基本公共教育
服务均等化分析

——基于杭州、嘉兴、金华、台州的研究

张雪平　陶妍旻　叶政英　林心如　袁云康*

摘　要　公共教育服务均等化是教育现代化的基本要求，是维护社会公平的基本途径。本文以浙江省杭州市、嘉兴市、金华市、台州市的中小学和幼儿园为研究对象，采取问卷调查、访谈调查和文献调查等调查方法，发现公共教育服务存在政府投入不足、城乡间差距大等问题，应该进一步加大教育财政投入力度；合理划分省与市县政府的财权、事权；完善教育转移支付制度制定政策。在城乡差距问题方面应进一步促进城乡义务教育均等化发展；拓宽渠道，强化教师队伍建设；科学规划城乡学校布局，满足学龄人口教育需求。

关键词　基本公共服务；教育；均等化

一、引　言

自 2006 年我国首次以法律形式提出教育要均等化发展以来，党的十七大、十八大报告以及中央政府工作报告中均提出教育优先发展、均等发展的理念。基本公共教育作为基本公共服务的重要组成部分，它不仅是促进教育公平的关键方法，还对社会主义现代化建设起着十分重要的作用。2008 年以来，浙江省人民政府便开始了加快推进基本公共服务均等化的进程，并于 2012 年制定实施了《浙江省基本公共服务均等化体系"十二

---

　　*　作者简介：张雪平，浙江财经大学东方学院教授。陶妍旻、叶政英、林心如、袁云康，浙江财经大学东方学院学生。

五"规划》，内容涵盖了九年义务教育及财政经费等要求。"十三五"时期，为了认真贯彻国家规定，浙江省出台了《浙江省教育事业发展"十三五"规划》，提出义务教育标准化比例超过 95%，学前教育等级幼儿园覆盖超过 95% 等重要指标。

虽然浙江省政府在基本公共教育服务均等化方面加大投入，在推进教育均等化发展方面做了大量工作，也取得许多成就，但由于浙江省各地区经济发展的不平衡、城乡二元结构等造成了地区教育水平差异、城乡教育水平差异等问题。

本文以浙江省杭州市、嘉兴市、金华市、台州市为研究对象，重点研究上述地区基础教育均等化和学前教育均等化问题，在研究文献资料和相关政策的基础上，分析浙江省基本公共教育服务均等化水平总体情况；从公共财政的角度分析浙江省及各地区政府教育支出的现状；通过访谈、问卷和文献调查法，分析浙江省基本公共教育服务均等化存在的问题，并在以上研究的基础上，提出一些相关的建议。

二、浙江省基本公共教育总体情况

作为走在前列的东部沿海省份，浙江省以高质量普及十五年基础教育为目标，查找短板，深化改革，不断培育基础教育内涵发展新的生长点，拓展基础教育发展优势，推动教育现代化。2004 年 9 月 8 日，浙江省基本普及十五年基础教育，成为了全国第一个基本普及十五年教育的省份。

（一）浙江省高标准普及十五年基础教育的进程

1995 年出台《浙江省高标准普及九年义务教育要求及实施办法（试行)》出台；2002 年全省 70% 的县、市、区实现高标准普及义务教育；2004 年出台《进一步做好流动儿童少年义务教育工作的意见》；2008 年出台《关于进一步加强和改进进城务工人员子女教育工作的意见》；2009 年出台《外来务工子女教育专项资金管理办法》（2010 年修订）；2010 年基本完成特殊教育布局；2014 年特殊教育提升工程学前教育两轮三年行动计划（2011 ～ 2013/2014 ～ 2016），截至 2015 年 6 月，浙江省 89 个县（市、区）全部达到国家规定的义务教育发展基本均衡县评估认定标准，成为全国首批 5 个获得全面评估认定的省（市）之一。

（二）浙江省基础教育公平均衡发展路线

2015 年，浙江省所有县通过国家义务教育均衡发展评估认定。2003～2007 年，浙江省启动万校标准化工程，出台了《浙江省标准化学校评定标准（2003 试行）》，2011 年进行了更新，正式出台《浙江省标准化学校基准标准》。

困难学生救助体系：2005 年建立贫困家庭教育券制度；2007 年扩大资助范围，完善资助体系；2015 年贫困学生帮扶工作督查制度，纳入对各地的考核。教师交流制：2011 年在嘉善试点教师交流制度，2013 年出台《浙江省教师交流工作指导文件》，2014 年起全面实施公办中小学教师校长交流制。阳光招生和零择校：2011 年 12 月，浙江省教育厅发布了史上最严厉的择校禁令《关于治理义务教育阶段中小学择校乱收费的通知》；2012 年 2 月，宣布全面推行"阳光招生"，到 2013 年 7 月，79 个区（县）实现零择校，其余 11 县（区）均控制在 5% 以内。多样化协同发展机制：2002 年起，先后推进教育集团化办学、山海协作工程、城乡教育合作共同体等均衡发展机制。

2015 年，浙江 90 个县（市、区）分批通过全国义务教育发展基本均衡县的国家评估认定，成为最早实现所辖县（市、区）全部通过国家义务教育均衡发展评估认定的 5 个省级单位之一。

截至 2018 年 5 月，浙江省义务教育入学率、巩固率分别为 99.99% 和 100%；全省学前三年到高中段的 15 年教育普及率为 98.71%；全省共创建义务教育标准化学校 4676 所，义务教育标准化学校达标率为 93.78%。

（三）浙江省基础教育内涵发展的进路

1. 心理健康教育

2001 年浙江省成立省中小学心理健康教育指导中心，完善全省心理健康教育组织网络建设；2003 年动启中小学教师上岗资格认证制度，截至 2016 年持证人数超过 20 万。2007 年启动中小学心理辅导等级站评估，推动学校层面的心理健康工作；2013 年全省推进心理辅导室全覆盖工作；

2014 年启动中小学心理辅导标准化建设工程。

根据《浙江省教育事业发展"十三五"规划》中"心理健康教育专项建设工程"要求，2016 年，启动了资助偏远地区建设 100 个标准化中学心理辅导站建设项目，通过专项经费资助的形式重点推进偏远地区中学心理辅导室建设，让偏远地区的中学生也可以像城里中学生一样接受良好的心理辅导服务。

2017 年，浙江省推进 300 个中小学心理健康教育示范点建设，要求 50% 的中小学心理咨询与健康教育机构达到标准化建设水平，并将该项目作为 2017 年全省教育工作业绩考核指标。

2018 年，浙江省继续推进 200 个中小学心理健康教育示范点建设，要求 70% 的中小学心理咨询与健康教育机构达到标准化建设水平，并作为 2018 年省教育厅重点工作，列为 2018 年度全省教育工作业绩考核指标。

2. 教育信息化和国际化

到 2015 年浙江省实现中小学数字校园环境建设全覆盖，全省中小学校全面普及班级多媒体，99% 以上的中小学校实现千兆到校、百兆到班；73% 的中小学教师开通个人网络空间。2015 年普通高中创新实验室建设，2016 年启动中小学创新实验室和学科教室建设工作。2016 年启动移动学习终端项目。2010 年启动"千校结好"，到 2016 年底与国（境）外学校结成 2100 对友好学校。2016 年实施中小学教师海外研修项目。

2018 年浙江省基础教育信息化发展综合指数名列全国榜首，其中"管理信息化"维度位居全国第一。这是自教育部科技司发布该发展报告以来，浙江省基础教育信息化发展综合指数连续 3 年位居全国第一。目前，浙江省建成之江汇教育广场互联网学校、教师发展网络学校和家长网络学校，汇聚共享 500 万余条优质资源、1436 门普通高中选修课网络课程、4.2 万余个微课资源、586 个省级家庭教育资源，平台日均访问量超过 150 万人次，为师生提供多样化、个性化选择。推进网络学习空间应用普及，建成 204 个省级名师网络工作室、95 个技能大师网络工作室、2000 余个优秀教学空间，形成"名师引领＋同伴互助＋个人实践反思"的网络研修共同体，创新教师专业发展路径。

三、浙江省教育财政支出分析

（一）教育支出总量差异

2015 年，浙江省生产总值（GDP）达到 42886.5 亿元，全省人均 GDP 为 77862.20 元，高于全国平均水平，从各地级市来看，杭州、宁波和温州 GDP 总量领先，分别为 10053.58 亿元、8011.5 亿元和 4619.84 亿元。持续稳定的经济发展为基本公共服务均等化的实现提供了坚实的基础。然而也存在着城乡居民收入差距加大、地区发展不平衡等问题，这些问题制约着公共服务均等化推进过程。

表1 2015～2018 年浙江省教育事业财政支出情况　　单位：亿元

年份	年度财政总支出	教育事业支出	教育事业支出占财政支出比例（%）	教育支出增长率（%）
2015	6645.98	1264.93	19.0	—
2016	6974.24	1300.03	18.6	2.8
2017	7530.32	1430.15	19.1	10.0
2018	8627.51	1572.47	18.2	10.0

表1 数据显示，浙江省教育事业支出总体支出水平较高。2015 年以来浙江省在教育事业的财政投入保持小幅度增长，财政投入较稳定。通过比较可以发现，教育支出占财政总支出的比例在上升，从 2016 年的 2.8% 上升到 2018 年的 10.0%。

从教育支出总量来看（见表2），杭州的教育支出总量最大，2018 年达到了 315.4 亿元，其次是台州、嘉兴，支出最少的是金华。近年来，杭州、嘉兴、金华、台州地区的教育支出呈现波动增长，但差值逐年增大。

表 2　2015～2018 年浙江省各地教育事业财政支出情况

单位：亿元

地区＼年份	2015	2016	2017	2018
杭州	223.4	253.0	279.3	315.4
嘉兴	88.81	89.7	102.1	120.2
金华	101.3	98.9	105.3	114.5
台州	98.63	108.5	122.7	134.5
最高最低差	134.5	163.3	177.2	200.9

（二）浙江省教育支出占比差异

一般预算支出水平呈现出地区性差异，一般预算支出是国家对集中的预算收入有计划地分配和使用而安排的支出。以 2017～2018 年为例，浙江省各地市一般预算支出、教育事业财政支出存在一定的差异，部分地区之间的差异不大，杭州市的一般预算支出和教育事业财政支出相对于其他地区来说表现出更加明显的差异，但是各地区的教育支出占一般预算支出比重相差不大，保持在 20% 上下（见图 1、图 2）。

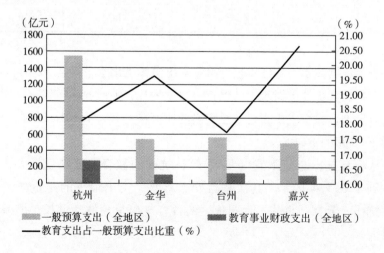

图 1　2017 年浙江省各地市一般预算支出、教育事业财政支出

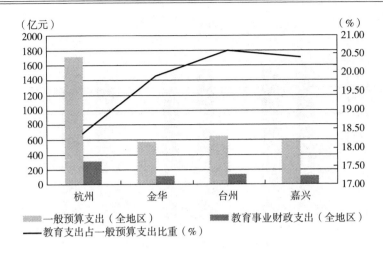

图 2　2018 年浙江省各地市一般预算支出、教育事业财政支出

四、浙江省人均教育资源差异

2010 年 12 月，浙江省委、省政府召开全省教育工作会议，部署实施《浙江省中长期教育改革和发展规划纲要（2010—2020 年)》：一是实现学前教育上等级，到 2015 年，每个乡镇至少建成 1 所达到等级标准的中心幼儿园，财政切实加大对中心幼儿园的投入；二是实现义务教育高水平均衡发展，加快实现以县域为单位的义务教育高水平均衡，推动有条件的地方实现更大范围内的义务教育高水平均衡。

（一）人均教育资源指标分析

如图 3、图 4 所示，调研的四个城市的每千学生拥有的学校数量都保持在一个合理区间，说明既不会导致规模效益过低和资源浪费，又不会导致管理效率低下。

从 2016~2018 年各市的发展情况看，杭州、嘉兴和台州每千学生拥有的幼儿园数先下降再上升，金华整体下降，但总体波动值很小，比较稳定。

从四个城市的数据对比来看，金华和台州每千学生拥有的幼儿园数偏高，说明学校分布较为分散。

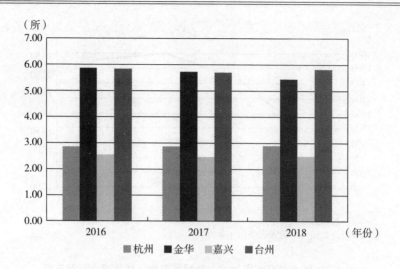

图 3　2016～2018 年浙江省各地市每千学生幼儿园数

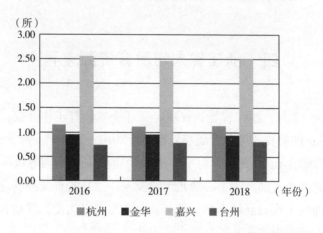

图 4　2016～2018 年浙江省各地市每千学生学校数

（二）学生人均教育经费差异

学生人均教育经费的差异是导致基础教育在地区之间存在差异的根本原因。

学生人均教育经费 = 教育经费总额/在校生数。为便于统计分析，我们设定在校生数主要包括小学、初中和幼儿园，没有包括中职等其他高中阶段学生数。

如图 5 所示，经济发展水平较高的杭州市学生人均教育经费较高，显示了基本公共教育在经济发展不均等的基础上同比发展。

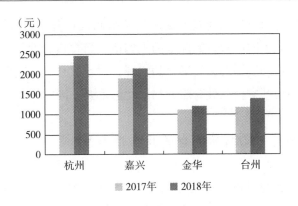

图5　2017～2018年浙江省各地市学生人均教育经费

五、浙江省基本公共教育均等化的问题

（一）基本公共教育非均等化的财政原因

部分地区财力不足制约了财政提供基本公共服务的能力。虽然浙江省总体经济发达，但由于不同地区经济发展情况不同，财政教育支出占各地区生产总值的比重也出现了较大的差距，出现了部分地区财政支出能力不足导致财政教育支出占比低的情况，使得部分地区政府在满足基本公共需要的过程中力不从心。浙江省在教育经费投入的规模、生均教育事业费、生均公用经费方面都处于全国领先水平，然而在增长率上却稍有逊色，浙江省在财政经费方面还需不断保持，提高增长速度。

另外，通过资料对比发现，浙江省虽有较为健全的教育扶贫体系和学生资助政策，但经费补助支出占教育支出比重较低。浙江省根据全国统一标准制定生均公用经费最低标准，继续维持小学650元/年、初中850元/年，按各地学生人数计算安排补助资金。江苏省补助标准为每位学生每学期初中625元、小学500元。低保家庭学生的补助标准为每位学生每学期初中1000元、小学750元。浙江省在低保家庭学生方面的补助标准相比较低。根据《2020年义务教育经费保障机制补助经费提前下达分配表》各地分配的资金总量来看，各市区支出有一定的差距，教育相对落后的地区支出小于相对较好的地区。

因此，教育财政投入经费不足制约了财政提供基本公共服务的能力，致使区域间、城乡间教育资源配置的不均衡、教育机会的不均等。不完善的财政转移支付制度制约着均等化的实现，财政转移支付制度缺乏规范性和有效性是制约基本公共教育服务均等化的重要原因。

（二）浙江省教育资源配置均衡度不高

虽然义务教育资源均衡指标全省平均分比2017年有所提升，但离优质均衡的目标还有不少差距。从本次监测结果来看，全省在"义务教育资源均衡"达成度为61.71%。其中，"小学、初中办学条件校际优质均衡差异系数"达成度分别为74.57%和69.14%。另外，全省"国际交流与合作"指标达成度为48.17%。其中，"专任教师拥有境外学习研修经历的比例"达成度为46.33%。这表明，在未来一个时期内，推进义务教育优质均衡发展，提升教育国际化水平，仍然是浙江省教育工作的重点。

（三）城乡义务教育非均等化

1. 办学资源配置不均等

根据查阅到的相关资料，在资源配置方面，不论是师资力量还是获取的投入数额，城乡学校之间都有着显著的差异，例如，受城镇化发展和国家人口政策的影响，农村学校小学义务教育出现小班化的现象比较严重，个别乡村甚至有空心化现象。城区内几所县直学校，每年都有大批居住在乡村的家庭想尽办法把孩子送进去，这就导致城区内的县直学校教室里挤满了学生，而农村学校却出现了空心化现象。而这也容易导致教师资源的倾斜，学生多的地区学校教师也多，这已经成为了城乡义务教育中的常态，从而进一步加剧了城乡之间的教育差距，一边不仅没有学生，也没有老师，而另一边每个班在班人数都近乎饱和，教师数量也接近溢出。

在教师队伍方面，城乡之间差距明显。就教师资格证持证比率来看，城市比率为69.1%，而农村仅为42.1%。从教师学历看，城市教师本科以上学历比率已达64.4%，农村仅为43.4%。从教师职称看，城市38.2%的教师已评职称，而农村仅有25.8%的教师已评职称。有限的教师事业编制也更多地配置到了城市，城市在编教师比率达16.6%，这一比率是农村的 2 倍以上。由此可见，城市教师数量相对充足，教师素质相对较高，在编教师更多，教师队伍更稳定；农村教师不仅数量严重不足，而且高学历、高素质教师更是凤毛麟角，事业编制严重不足，教师队伍很不稳定。

2. 区域间发展不平衡

在调研过程中，我们深切地感受到市地之间、城乡之间学前教育发展的差异和差距。经调查研究以及文献的查找后我们发现，在幼儿园教育环境总体质量上，城市幼儿园与农村幼儿园城乡之间的差距还是比较明显，城市显著高于农村。具体来看，除物质环境维度外，在生活活动和日常活动维度上，城市幼儿园也均显著高于农村幼儿园。这说明，城乡学前教育质量的真正差距在于隐性的质量——幼儿在园内的一日生活安排、课程以及师幼互动质量。另外，还有一个值得人们关注的问题是，城市幼儿园在"物质条件"（即物质环境）上明显优于农村幼儿园。但事实上，两者在物质环境质量方面并没有显著性差异。这是因为"物质环境质量"并不简单等同于"物质条件"本身，物质环境质量还包括物质要素的合理配置及其教育作用的有效发挥。这说明，尽管城市幼儿园在显性的物质条件上可能优于农村，但其应有的效用未必得到了充分发挥。

3. 教育内涵发展程度不足

2018 年监测结果显示，浙江省"义务教育标准化学校比例"达成度为 46.80%，即全省只有 46.80% 的县（市、区）实现了 100% 的义务教育学校标准化；"达到规定班额的比例"达成度为 44.25%，即全省有 44.25% 的县（市、区）学校的班额达到目标值（县域内 90% 的幼儿园小、中、大班分别为 25 人、30 人、35 人及以下，90% 的小学、初中的班额分别为 40 人、45 人及以下，80% 的高中的班额为 40 人及以下）；"（控制）小学、初中学校规模"达成度仅为 11.00%，即全省只有 11% 的县（市、区）将小学、初中学校规模控制在 2000 人以内（九年一贯制学校2500 人）。这些数据均表明，虽然浙江省教育规模稳中有升，但各县（市、区）在内涵发展方面还存在不少短板，需要加快规模向重内涵方式转变。

六、推进基本公共教育均等化的建议

（一）财政政策建议

推进基本公共服务教育均等化具有明显的正外部性效应，有利于缩小区域、城乡、校际间教育发展的差距。因此，需要进一步加大教育财政投入力度，合理划分省与市县政府的财权、事权和完善教育转移支付制度。

1. 进一步加大教育财政投入力度

为实现《中华人民共和国教育法》所提出的，各级人民政府对教育财政拨款的增长应当高于财政经常性收入的增长，并使在校学生人数平均的教育费用逐步增长，保证教师工资和学生人均公用经费逐步增长的目标要求。浙江省各级政府科学测算，分解落实浙江省、市、县政府的公共财政教育投入，建立投入总量与 GDP 增速、财政收入增长以及在校学生人数增长协同的稳定增长机制。

教育财政资金重点向贫困地区和农村地区等倾斜，全面改善教育发展薄弱地区的基本办学条件。此外，在政府加大财政教育投入的基础上，要积极将社会资本引进基本公共教育服务范畴内，探索建立民间资本与政府相互配合的教育供给制度，提高基本公共教育服务质量、运行效率和专业管理水平。

2. 合理划分省与市县政府的财权、事权

省与市县政府的有效协同是保证基本公共教育服务供给的重要条件。因此，在中央、地方事权和支出责任划分的基础上，必须处理教育领域共同财政事权划分问题，明确省与市县政府在推进教育公共服务均等化过程中的事权和承担的责任。

属于省与市县政府共同事权的，应合理界定省与市县各级政府的具体任务及承担的职责，应当依据公益性、外部性等因素制定、分担基本公共教育服务均等化标准或比例，省级政府分担部分通过专项转移支付委托市县政府实施。

3. 完善教育转移支付制度

一般性转移支付是均衡地方财政实力、实现教育公平目标的主要方式。我国应加大一般性转移支付规模和比例，提高经济落后地区、农村和薄弱学校的教育水平；规范一般性转移支付分配和使用，建立健全激励约束机制，引导接受转移支付的市县政府视本地区的经济发展水平及教育发展情况统筹安排教育资源，缩小区域、城乡、校际差距，促进城乡教育优质均衡发展，实现教育公平。

专项转移支付项目相较于一般转移支付项目更为透明化，我国应进一步完善教育财政专项转移支付制度，规范专项转移支付立项管理和义务教育阶段公用经费转移支付资金等的分配，严格专项转移支付资金使用。同时，应探索建立健全横向的教育转移支付制度。财政资金通过较发达地区横向转移至欠发达地区，为欠发达地区教育事业的发展提供充足的财政资金支持，由此实现区域间、城乡基本公共教育服务的均等化。

（二）城乡义务教育均等化建议

第一，制定政策，促进城乡义务教育均等化发展。面对城乡教育结构和发展的差异，政府可以制定补偿性教育政策。重点是发挥财政的再分配功能，研究并制定有利于农村义务教育发展的政策。例如，可以集中优势资源，优先发展经济较为落后的农村地区，逐步向经济发达地区过渡。除此之外，在办学条件、学校管理、就学保障、弱势群体等方面，政府应出台更为细致且切实可行的扶持政策。

第二，拓宽渠道，强化教师队伍建设。采取订单方式培养优质师资的模式，大力开展新型"双师"课堂，实现城乡师资一体化、均等化发展。开展学习培训，提高教师自身素质。农村学生应以县级教师进修学校、教研部门、电教、仪器站为平台，有计划地安排教师进修学习，开展有针对性的交流研学活动，实现教师研训一体化，提高教师教学能力。

第三，科学规划城乡学校布局，满足学龄人口教育需求。准确把握学龄人口及其教育需求在城乡空间的转换态势，综合考虑"新生学龄人口""常住人口＋在校生"与"劳动力人口流动＋学龄人口流动"，结合城乡经济社会发展规划与当地教育承载力，精确识别与预测常住人口教育需求的空间变化，构建适应城乡空间布局和常住人口增长趋势的城乡义务教育学校布局，实现城乡学校布局的动态性与精准性。

参考文献

［1］田宝军．县域内义务教育一体化发展研究［M］．北京：人民出版社，2017.

［2］郭彩琴，顾志平．城乡教育一体化的困境与应对措施［J］．人民教育，2010（20）．

［3］肖碧云．公共财政视角下的基本公共教育服务均等化研究——以福建省为例［J］．长沙大学学报，2019（5）．

［4］张雪平．浙江省基本公共服务均等化的差异性研究［D］．中国社会科学院研究生院，2014.

［5］杨东亮，杨可．财政分权对县级教育公共服务均等化的影响研究［J］．吉林大学社会科学学报，2018（58）．

［6］张丽丽．义务教育财政转移支付制度的相关研究——以福建县级为例［J］．当代会计，2017（6）．

［7］何鼎鼎．让教育事业实现更高质量发展［N］．人民日报，2018 – 09 – 14.

［8］任强．公共服务均等化问题研究［M］．北京：经济科学出版社，2009.

［9］杭州市统计局．杭州统计年鉴［M］．北京：中国统计出版社，2016～2018.

［10］台州市统计局．台州统计年鉴［M］．北京：中国统计出版社，2016～2018.

［11］金华市统计局．金华统计年鉴［M］．北京：中国统计出版社，2016～2018.

浙江省财政支出对
产业结构的影响

——基于财政科技投入的视角

崔红霞[*]

摘　要　财政科技支出能否促进地区产业结构升级？本文以浙江省地级市为研究对象，利用 2003～2018 年的城市层面面板数据，实证检验了科技支出对产业结构升级的影响，实证研究发现，财政科技支出能够显著地促进城市产业结构升级，但同样也存在显著的异质性影响，即对经济发展程度较低的地级市而言，其促进作用显著高于经济发展程度较高的城市，进一步通过变换变量定义以及考虑模型的内生性问题后，这一结论保持稳健。本文研究表明，进一步增加财政科技支出，尤其是在经济发展程度较低的地区可以显著带动当地产业结构升级。

关键词　财政科技支出；产业结构升级；地级市

一、引　言

改革开放以来，中国经济长期保持在一个较高的增长水平，被誉为"中国式增长奇迹"。但在一段较长的时间内，中国经济发展主要依赖于能源要素的高投入、高消耗等粗放式增长模式，随着改革的不断深入，这种粗放式经济发展模式进入了瓶颈期，环境污染严重、过度投资以及产能过剩等问题成为影响经济可持续增长的因素。在经济增速放缓的新常态下，如何实现产业结构升级，改变经济发展模式是促进经济高质量发展的关

* 作者简介：崔红霞，浙江财经大学东方学院财税学院教师，主要研究方向为财税理论与政策。

键。党的十九大报告也明确指出"推动经济发展质量变革、效率变革、动力变革，提高全要素生产率，着力加快建设实体经济、科技创新、现代金融、人力资源协同发展的产业体系"。从理论上讲，推动产业结构升级主要来源于市场和政府，一方面要市场在资源配置的过程中发挥决定性的作用，但另一方面也可以更有效地发挥政府这只"看得见的手"的作用，引导资源配置到更高效的产业结构中，进而实现产业结构的升级。

在诸多影响产业结构升级的因素中，科技创新发挥着越来越重要的作用，转变经济增长模式，就需要由原有的依靠要素驱动、投资驱动转向创新驱动和消费驱动。一般而言，政府或相关部门为支持科技创新而提供的经费支出被称为财政科技投入，通过提供信号机制，可以有效地体现政策的靶向性，进而可以降低市场主体的信息不对称程度。鉴于此，本文以浙江省地级市为研究对象，实证检验财政科技支出对城市产业结构升级的影响，通过实证检验，发现财政科技支出能够显著促进产业结构升级，并且在经济发展程度较低的城市更为显著。这说明为促进产业结构升级，浙江省地级市政府应该进一步加大科技支出，尤其对于经济发展水平较低的城市更要如此。另外，本文在稳健性检验中，也进一步通过变换变量定义、重新计算产业结构升级指标以及利用工具变量法等进行检验，结果均显示我们的基准回归结论稳健。

本文的内容安排如下：第二部分对相关文献进行回顾；第三部分为研究设计，主要包括模型设定和变量定义及数据来源；第四部分为实证结果，包括基准回归结果、异质性分析以及稳健性检验；第五部分为研究结论及政策建议。

二、文献综述

（一）财政科技支出

作为财政支出的子项目，目前关于财政科技支出的研究主要集中在评价支出效率以及检验其对经济社会产生的影响上。在对财政科技支出效率的评估上，现有研究大多基于不同的评价方法对省级层面财政科技支出效率进行评估，如李尽法（2011）利用超效率 DEA 模型评估了 2006 年全国省级层面财政科技支出效率；梁淑美和王淑慧（2012）利用因子分析法构建测算省级财政科技支出绩效指标；王延凤则利用 DEA – CCR 模型进行了省级层面评估；王文丽等（2017）则利用了 DEA – Malmquist 指数进行财政科技支出的效率测算。

除了直接对财政科技支出效率进行评测外，也有不少文献研究财政科技支出对经济社会产生的影响，整体来看，虽然大多文献均认为财政科技支出对经济发展具有一定的促进作用，但是从影响程度来看财政科技支出主要是影响长期经济发展，而在短期内财政科技支出对经济发展的影响程度相对较低（朱春奎，2004；张明喜，2011；陈实等，2017）。此外，也有部分学者指出，财政科技支出对经济发展的贡献较低，甚至不显著，俞立平和熊德平（2011）利用状态空间模型实证研究了财政科技投入对经济发展的贡献，他们研究发现财政科技投入对经济贡献的弹性系数处于不稳定的正负波动，且绝对值相对较小，他们认为相对于劳动或资本对经济增长的关系，财政科技支出的影响更小。相对于其他支出类型，财政科技支出还具有显著的靶向性，能够直接带来研发投入的增加，因此除了研究对经济增长的影响外，也有学者研究财政科技支出与全要素生产率之间的关系，宋丽颖和张伟亮（2017）利用西部九省份的面板数据，实证研究发现财政科技支出对全要素生产率具有正向促进作用，但同时也具有显著的门槛特征。沈肇章和陈西晨（2020）则以广东省地级市为研究对象，发现了类似的结论。

（二）产业结构升级

目前关于研究产业结构升级的文献众多，大多文献集中于研究影响产业结构升级的因素，刘建民等（2014）从财政分权的角度出发，利用湖南省的地级市层面数据，研究财政分权对地方产业结构升级的影响，他们研究发现财政分权对产业结构升级存在先阻碍后促进的影响。而崔志坤和李菁菁（2015）则发现财政分权对产业结构升级具有非对称性，即收入分权会阻碍产业结构升级，而支出分权对产业结构升级的影响并不显著。王立勇和高玉胭（2018）则利用山西省省直管县作为外生冲击，利用双重差分法研究发现财政分权对产业结构升级具有显著的促进作用，且随着时间的推移，其影响程度会显著上升。除财政分权外，也有不少学者从金融市场的角度出发研究其对产业结构升级的影响，朱玉杰和倪骁然（2014）利用全国金融规模进行实证研究，发现金融相关比例与产业结构正相关，但与产业结构合理化负相关。与之相反，李文艳和吴书胜（2016）利用全国城市层面的面板数据，研究发现提高金融效率水平和规模存量均有利于产业结构升级。对于研发费用的投入除了财政科技支出现实中还存在着大规模的财政补贴，部分学者认为提高财政补贴可以促进产业结构升级（Hu，2001；Feldman & Kelly，2006），但政府补贴也可能产生挤出效应，不利于企业研发创新，进而对产业结构升级带来负向影响（宋凌云和王贤彬，2013）。袁航和朱承亮（2020）利用省级层面面板数据，实证研究发现政府补贴能够提高产业结构升级，但对不同地区以及不同规模的企业具有显著的异质性影响，因此在设计政府补贴时要更多地考虑地区及企业的异质性影响。

可以看出，已有研究针对财政科技支出与产业结构升级进行了深入的探讨，可以很好地帮助我们理解其经济效应和发展趋势，但较少有文献能够将两者结合起来研究，此外，针对财政科技支出的评价也主要是基于省级政府层面，缺乏省级以下地方政府的视角，因此本文以浙江省地级市政府为研究对象，探讨财政科技支出对产业结构升级的影响，弥补现有研究中的不足。

三、研究设计

（一）模型设定

本文以浙江省地级市为研究对象，实证分析财政科技支出对地级市产业结构升级的影响，设计出基准回归模型如下：

$$Y_{it} = \alpha + \beta SCI_{it} + \gamma X_{it} + \mu_i + \mu_t + \varepsilon_{it}$$

其中，下标 i 和 t 分别表示城市和年份，被解释变量 Y_{it} 表示城市 i 在第 t 年产业结构升级指标，核心解释变量为 SCI_{it}，表示城市 i 在第 t 年科技支出占总财政支出的比重，X_{it} 为一系列影响产业结构升级的城市层面控制变量，参考已有文献的做法，我们分别控制了城市的金融发展程度、社会零售情况、固定资产投资、城市经济发展程度以及人力资本等，μ_i 和 μ_t 分别指城市固定效应以及年份固定效应，以消除城市层面不可观测因素以及宏观冲击等因素带来的干扰，ε_{it} 为随机干扰项。为了防止出现异方差等现象，在实证研究中，我们主要利用了稳健的标准误。可以看出，我们的实证策略是双向固定效应回归，系数 β 是我们最关心的变量，如果 β 显著为正，则说明科技支出能够促进城市产业结构升级，反之则不能。

（二）变量定义及数据来源

（1）产业结构升级。经济产业结构的服务化是产业结构升级的主要特征，结合"十二五"规划纲要中明确提出的"把推动服务业大发展作为产业结构优化升级的战略重点"，本文沿用了干春晖等（2011）以及王立勇和高玉胭（2018）的做法，将第三产业产值与第二产业产值之比作为衡量城市产业结构升级的指标，该指标越大说明第三产业相对于第二产业增长更快，城市产业结构程度越高。

（2）科技支出占比。本文的核心解释变量为城市财政科技投入程度，受限于数据的可获取性，实证中，我们利用城市当年科技投入占总财政支出的比重来衡量。

（3）控制变量。参考已有文献的处理，并根据数据的可获得性，本文主要从以下几个方面选择了城市层面的控制变量。首先是金融发展程度，如果一个城市金融市场发展比较成熟，可以为企业提供充裕的融资渠道，势必也会对当地的产业结构产生影响，因此我们利用年末金融机构存款余额占 GDP 比重来衡量城市金融发展程度。其次我们利用社会零售品销售总额占 GDP 比重来衡量社会零售情况，并控制了城市层面固定资产投资可能会对产业结构升级带来的影响，实证中，我们控制了城市固定资产投资总额占 GDP 比重。再次是不同发展程度的城市会存在产业结构上的差异，本文控制了城市的经济发展程度，利用人均实际 GDP 的对数值来表示。最后是人力资本也会对产业结构升级带来影响，受限于数据，我们利用城市每万人中的在校大学生人数来表示城市的人力资本结构。

本文主要实证分析浙江省地级市财政科技支出对产业结构升级的影响，因此主要数据来源于《中国城市统计年鉴》，对于部分缺失数据本文利用《浙江省统计年鉴》中的分地级市数据补充，最终形成了包含 11 个地级市，2003～2018 年的面板数据；另外，为消除价格因素带来的影响，本文将全部以价值形式表示的变量转换为以 2003 年为不变价的指标，消除通货膨胀带来的影响。为了剔除部分异常值带来的干扰，本文对全部变量在1%的水平上进行缩尾处理（winsor），变量的描述性统计结果如表1所示。

表1　变量的描述性统计

变量	定义	均值	标准差	最小值	最大值
产业结构升级	第三产业产值/第二产业产值	0.884	0.248	0.551	1.818
科技支出占比	科技支出/财政支出	0.026	0.015	0.003	0.060
金融发展	年末金融机构存款余额/GDP	1.621	0.412	0.898	2.874
社会零售	全社会零售总额/GDP	0.398	0.074	0.258	0.580
固定资产投资	固定资产投资/GDP	0.555	0.137	0.317	1.056
经济发展程度	人均实际 GDP 取对数值	10.76	0.589	9.165	11.81
人力资本	每万人在校大学生人数取对数值	4.799	0.757	3.320	6.497

四、实证结果

（一）基准回归结果

表2汇报了基准回归结果，其中表2的前两列没有控制任何固定效应，直接利用两阶段最小二乘法（OLS）进行回归，可以看出，如果不考虑城市层面不可观测因素以及外部宏观冲击，财政科技投入占比对城市产业结构升级均有正向影响，但是一旦加入额外的控制变量后，OLS估计科技支出占比对城市产业结构升级没有显著影响。由于OLS法要求模型残差要与解释变量不相关，因此如果存在某些不可观测的因素，如不同城市的文化传统等以及外部宏观冲击，就会引起内生性偏误，因此本文进一步控制城市以及年份固定效应，消除不可观测因素带来的影响，实证回归结果如表2后两列所示，其中列（3）没有加入任何控制变量，列（4）则加入全部的控制变量，可以看出，一旦加入城市和年份固定效应后，科技支出占比会显著促进城市产业结构升级，以列（4）为例，随着科技支出占比每上升1个标准差，会显著促进城市产业结构升级上升0.09个标准差，并在1%的显著性水平上显著为正，具有显著的经济学意义。各控制变量对产业结构升级均有正向影响，其中金融发展与社会零售均具有统计上的

显著性，而固定资产投资、经济发展程度以及人力资本对城市产业结构升级具有正向影响，但是并不具有统计上的显著性。

表2　基准回归结果

	(1) OLS	(2) OLS	(3) FE	(4) FE
	被解释变量：产业结构升级			
科技支出占比	4.8423 ***	1.3546	3.8242 *	5.7560 ***
	(1.2043)	(1.1943)	(2.1243)	(1.9363)
金融发展		0.2586 ***		0.3096 ***
		(0.0614)		(0.0923)
社会零售		1.2027 ***		1.2585 **
		(0.1745)		(0.5331)
固定资产投资		0.4310 ***		0.1430
		(0.0986)		(0.1920)
经济发展程度		0.0688		0.1866
		(0.0422)		(0.1196)
人力资本		0.0075		0.0419
		(0.0344)		(0.0559)
城市固定效应	NO	NO	YES	YES
年份固定效应	NO	NO	YES	YES
N	176	165	176	165
adj. R^2	0.083	0.614	0.755	0.804

注： *** 、 ** 、 * 分别表示在1%、5%、10%的置信水平下显著；括号内为稳健标准误，样本观测值有差异是因为有部分控制变量存在缺失。

（二）异质性分析

由基准回归可知，对于浙江省地级市而言，财政科技支出占比对产业结构升级具有显著的促进作用。但是基准回归得出的是对浙江省全部地级市而言的平均效应，浙江省作为东部沿海省份，其辖区内不同地级市间的经济发展程度具有一定的差异，因此本文在异质性检验部分主要研究对于不同经济发展水平的城市而言，财政科技支出对产业结构升级的推动作用是否存在差异。具体而言，本文按照经济发展总量将浙江省全部地级市分为两类：经济发展程度较高城市和经济发展程度较低城市，其中经济发展程度较高城市包括杭州市、宁波市、温州市、台州市以及绍兴市，经济发展程度较低城市包括嘉兴市、湖州市、舟山市、金华市、衢州市以及丽水市。相应的实证回归结果如表 3 所示。

表 3　异质性结果

	（1）	（2）
	产业结构升级	产业结构升级
科技支出占比	1.8836	13.0807 **
	(2.4360)	(5.3942)
金融发展	0.2077 *	0.4913 **
	(0.1186)	(0.1887)
社会零售	1.3436 **	0.0188
	(0.5276)	(0.8950)
固定资产投资	0.1819	−0.0276
	(0.2150)	(0.2670)
经济发展程度	0.6145 ***	0.2936
	(0.2184)	(0.2433)
人力资本	−0.1892 *	0.0215
	(0.0989)	(0.0876)
城市固定效应	YES	YES
年份固定效应	YES	YES
N	75	90
adj. R^2	0.885	0.735

注：*** 、** 、* 分别表示在 1%、5%、10% 的置信水平下显著；括号内为稳健标准误。

从表 3 中可以看出，对于浙江省地级市样本而言，财政科技支出对产业结构升级具有显著的异质性影响。对于经济发展程度较高的城市而言，财政科技支出对产业结构的升级具有正向的影响，但是不具有统计上的显著性，并且系数相对较低，而对于经济发展程度较低的城市而言，财政科技支出对产业结构升级具有显著的正向作用，并且影响系数相对经济发展程度较高的城市而言较大，基本为 7 倍。对于经济发展较好的城市而言，单纯地增加财政科技投入对于其产业结构升级的影响效果较弱，这说明对于这些城市而言，除了考虑直接增加财政投入外，更多地需要考虑如何提供经济发展环境和制度保障，通过提供无形公共服务来增加其产业结构升级。而对于相对经济发展程度较低的城市而言，从实证结果来看，财政投入对其产业结构升级的拉动作用非常显著，因此对于这部分城市而言，还有进一步提高其财政科技投入的空间，财政科技投入对产业结构升级的带动作用非常显著。对于其他的控制变量而言，对产业结构升级的影响基本和基准回归类似，在此就不一一赘述。

（三）稳健性检验

首先，在基准回归中，核心解释变量财政科技支出是利用了地级市科技支出占总财政支出比重衡量，除了这种相对量衡量外，本文进一步直接利用财政科技支出的绝对量来检验，实证结果如表4列（1）所示，可以看出当变换核心解释变量的度量后，财政科技支出对城市产业结构升级依然具有显著的促进作用，其余各控制变量和基准回归结果类似，这说明基准回归结果稳健。

其次，在基准回归中，本文利用城市第三产业产值和第二产业产值之比衡量产业结构升级程度，但实际上，这属于从产业结构的高度化来衡量产业结构升级，除此之外，产业结构的合理化也是度量不同产业间协调能力和资源配置的重要指标。因此，借鉴袁航和朱承亮（2018）的处理，本文构建泰尔指数来衡量产业结构的合理化程度，具体计算公式为：

$$theil_{it} = \sum_{m=1}^{3} y_{imt} \ln(y_{imt}/l_{imt}), m = 1,2,3$$

其中，下标 i、m 和 t 分别表示城市、产业和年份，y_{imt} 表示城市 i 在第 t 年的第 m 产业占地区生产总值的比重，l_{imt} 则表示城市 i 在第 t 年的第 m 产业从业人员占总从业人员的比重。若该值越大，则说明产业结构越不合理，因此，在实证分析中，本文对计算出的泰尔指数取其倒数来表示。具体回归结果如表4列（2）所示，可以看出，当变换被解释变量的度量后，利用产业合理化程度度量产业结构升级，回归结果和基准回归一致，即科技支出占比对城市产业合理化程度具有显著的促进作用，这也反映出基准回归结论的可靠性。

最后，在基准回归中，本文主要利用了双向固定效应法进行因果识别，但是这一结论是假设不可观测因素是不随时间变化的，如果不可观测因素随时间变化，那么添加固定效应无法解决这一问题，因此在稳健性检验部分，我们进一步利用了工具变量法来处理模型可能存在的内生性问题。一般而言，理想的工具变量应该兼具排他性和相关性，实证中，本文采用城市科技支出的滞后一期作为工具变量，这种做法的逻辑是对于财政支出项目而言，往往存在很强的连续性，过去一年的财政科技支出也会影响当年的数量，因此具有一定的相关性，同时，上一年的财政科技投入对当年的产业结构升级并不产生影响，因此也可以满足工具变量的排他性要求。具体回归结果如表 4 列（3）所示，可以看出在一阶段回归中 Kleiber-gen – Paap rk Wald F 统计量为 90.896，显著大于 Stock – Yogo weak ID 在10% 阈值上的数量，这说明选择的工具变量并不是弱工具变量。从回归结论可以看出，利用工具变量法后科技支出占比对产业结构升级在 1% 的显著性水平上显著为正，这说明本文的基准结论保持稳健。

表 4　稳健性检验

	（1）	（2）	（3）
	产业结构升级	产业合理化程度	产业结构升级
科技支出对数值	0.0916 ** (0.0458)		
科技支出占比		52.7118 * (28.0712)	8.6893 *** (2.9682)
金融发展	0.2867 *** (0.0920)	− 2.9580 * (1.6881)	0.3388 *** (0.1052)
社会零售	1.5055 *** (0.5242)	− 12.2971 * (7.2237)	1.2246 * (0.6677)
固定资产投资	0.0565 (0.1995)	6.8467 ** (2.9548)	0.1709 (0.2265)
经济发展程度	0.1207 (0.1222)	2.1916 * (1.3011)	0.2122 * (0.1279)
人力资本	0.0884 (0.0592)	− 0.4684 (0.7966)	0.0308 (0.0596)
Kleibergen – Paap rk Wald F			90.896
城市固定效应	YES	YES	YES
年份固定效应	YES	YES	YES
N	165	165	154
adj. R^2	0.797	0.601	0.797

注：*** 、** 、* 分别表示在 1% 、5% 、10% 的置信水平下显著；括号内为稳健标准误。

五、研究结论及政策建议

本文以浙江省地级市为研究对象，实证分析了财政科技支出对城市产业结构升级的影响，主要研究结论如下：①财政科技支出对城市产业结构升级具有显著的正向影响，随着科技支出占比每上升 1 个标准差，会显著促进城市产业结构升级上升 0.09 个标准差。②财政科技支出对城市产业结构升级的影响具有显著的地区异质性效应，具体而言，对于部分经济发展情况较好的城市，其促进作用较弱，对于经济发展水平较低的城市，财政科技支出对拉动产业结构升级具有显著的促进作用。③通过改变变量定义以及考虑模型的内生性问题后，实证结论保持稳健。

由本文衍生出的政策建议也比较明显，首先，在促进新旧动能转换，转变经济发展方式的新时代下，要深化供给侧结构性改革，就必须加大财政对科技支出的投入力度，通过提高财政科技支出占比，使更多的财政资金投入到微观主体，激发企业的研发创新活力，在此基础上才可以引导产业结构升级，实现经济的高质量增长。其次，对于财政科技支出的投入要充分考虑到地区的异质性情况，本文实证研究表明，相对于经济发展较快的地级市而言，财政科技支出对经济发展较低的城市产业结构升级更具有显著的拉动作用，这说明对于经济发展较低的地级市而言，直接加大财政投入力度其促进产业结构升级的效果更大，而对于经济发展较快的地级市而言，增加财政投入对产业结构升级的拉动效应已经出现了边际递减的情况，因此在这些城市应该加大对基础设施、营商环境等"软"公共服务的供给，以推进其产业结构的进一步完善升级。

参考文献

[1] Feldman, M. P., Kelley, M. R. The Ex – ante Assessment of Knowledge Spillovers: Government R&D Policy, Economic Incentives and Private Firm Behavior [J]. Research Policy, 2006, 35 (10): 1509 – 1521.

[2] Hu, A. G. Ownership, Government R&D, Private R&D, and Productivity in Chinese Industry [J]. Journal of Comparative Economics, 2001, 29 (1): 136 – 157.

[3] 陈实，王亮，陈平. 实证分析不同来源科技投入对经济增长的贡献——基于中国与美国、日本研发数据的对比 [J]. 科学学研究，2017，35 (8)：1143 – 1155.

[4] 崔志坤，李菁菁. 财政分权、政府竞争与产业结构升级 [J]. 财政研究，

2015（12）：37 - 43.

［5］于春晖，郑若谷，余典范．中国产业结构变迁对经济增长和波动的影响
［J］．经济研究，2011（5）：4 - 16.

［6］袁航，朱承亮．政府研发补贴对中国产业结构转型升级的影响：推手还是拖
累？［J］．财经研究，2020（9）：63 - 77.

［7］李尽法．基于 SE - DEA 的财政科技投入效率测度实证研究［J］．科技管理
研究，2011，31（15）：69 - 71，90.

［8］梁淑美，王淑慧．我国财政科技支出效率比较分析［J］．国家行政学院学
报，2012（6）：114 - 117.

［9］刘建民，胡小梅，吴金光．省以下财政收支分权影响省域内产业转型升级的
门槛效应研究——基于湖南省 14 市（州）数据的检验［J］．财政研究，2014（8）：
49 - 52.

［10］李文艳，吴书胜．金融发展与产业结构升级——基于经济危机视角的实证
研究［J］．金融论坛，2016（3）：18 - 29.

［11］宋丽颖，张伟亮．财政科技投入对西部九省区市全要素生产率影响研
究——基于面板分位数回归的方法［J］．经济问题探索，2017（4）：87 - 98.

［12］宋凌云，王贤彬．政府补贴与产业结构变动［J］．中国工业经济，2013
（4）：94 - 106.

［13］王文丽，高玉强，李玲玲．中国省域财政科技支出的动态效率评价［J］.
青岛农业大学学报（社会科学版），2017（3）：36 - 42.

［14］王廷凤．基于 DEA 的全国 31 个省市财政科技支出效率测评［J］．企业技
术开发，2009（10）：73 - 74.

［15］王立勇，高玉胭．财政分权与产业结构升级——来自"省直管县"准自然
实验的经验证据［J］．财贸经济，2018，39（11）：145 - 159.

［16］俞立平，熊德平．财政科技投入对经济贡献的动态综合估计［J］．科学学
研究，2011（11）：1651 - 1657.

［17］朱春奎．财政科技投入与经济增长的动态均衡关系研究［J］．科学学与科
学技术管理，2004，25（3）：29 - 33.

［18］张明喜．区域科技投入与经济增长关系的实证分析［J］．经济理论与经济
管理，2009（12）：66 - 71.

［19］朱玉杰，倪骁然．金融规模如何影响产业升级？促进还是抑制？——基于
空间面板 Durbin 模型（SDM）的研究：直接影响与空间溢出［J］．中国软科学，
2014（4）：180 - 192.

海宁市基本医疗保险基金
运行情况分析及建议

钱　薇　陈明利　谈天轶*

摘　要　医保基金的稳健运行，是实现病有所医，缓解"看病难，看病贵"问题的有效保证，对于社会的稳定和发展起着至关重要的作用。目前海宁市已经形成了职工基本医疗保险、城乡居民基本医疗保险和被征地农民大病保险构成的基本医疗保险体系。本文以医疗保险基金政策体系、收支运行为切入点，分析基金运行状况及存在问题，并在此基础上提出相关完善的建议意见。

关键词　医疗保险基金；收支状况；分析

医疗保险基金是社会保险基金中最重要的组成部分，医保基金的稳健运行，是实现病有所医，缓解"看病难，看病贵"问题的有效保证，对于社会的稳定和发展起着至关重要的作用。目前，海宁市已构建起了由职工基本医疗保险、城乡居民基本医疗保险、被征地农民大病保险构成的基本医疗保险体系，各项医疗保险基金基本实现"以收定支、收支平衡、略有结余"的管理目标。但是在人口老龄化、阶段性减税降费、物质水平的提高、群众医疗意识的增强等因素影响下，医疗保险基金的可持续运行也面临着新的挑战。

一、当前海宁市医疗保险基本情况及基金运行现状

海宁市自 2001 年末实施职工基本医疗保险制度以来，经过近 20 年的

---

*　作者简介：钱薇，陈明利，谈天轶，海宁市财政局课题组，组长钱薇。

发展，医疗保险政策不断完善，参保范围不断扩大，参保单位和人员不断增多。到 2018 年底，海宁市职工基本医疗保险参保人数已达 42.77 万人，被征地农民医疗保险参保人数 8.2 万人，城乡居民基本医疗保险参保人数 35.84 万人，总参保率为 90.75%。

（一）医疗保险政策体系建设情况

1. 医疗保险制度建设情况

近年来，海宁市认真贯彻执行《中华人民共和国社会保险法》和上级相关法律法规，积极完善医疗保险政策体系，深入推进医疗保险各项工作，逐步搭建起由职工基本医疗保险、城乡居民基本医疗保险和被征地农民大病保险构成的基本医疗保险制度体系。职工基本医疗保险的覆盖范围为所有用人单位和灵活就业人员，实行统一缴费基数，保险费由单位和个人共同缴纳，以本市上年职工平均工资为缴费基数（2018 年为 5090 元/月），企业单位按 7%（2019 年临时性下调 1%），机关事业单位按 8%，个人统一按 2% 的比例按月缴纳（灵活就业人员按缴费基数的 60% 缴纳）。同时海宁还实行外来务工人员的"两险"（大病保险和工伤保险）办法，在基本医疗保险参保比例达到一定比例的情况下，允许企业招聘的外来务工人员缴纳"两险"，大病保险的缴纳采用与基本养老保险相同基数，缴纳比例为 3%，统一纳入职工基本医疗保险核算；城乡居民基本医疗保险的覆盖范围为未参加基本医疗保险的城乡居民，其资金按年度筹集，2018 年筹资标准为 1300 元/人，其中个人缴费 400 元；被征地农民大病保险的覆盖范围为土地征收过程中的被征地农民，从 2003 年起，海宁市在被征地农民基本生活保障制度基础上建立起的被征地农民大病保险制度，主要通过在征地时由征地调节基金一次性出资的方式缴费（2018 年为每人 2.6 万元），保障失地农民医疗权益。

2. 医疗保险待遇政策情况

职工基本医疗保险基金实行个人账户与统筹资金相结合的方式管理，在职参保人员于次月可以享受医保待遇，退休参保人员在缴费满 20 年后可享受医保待遇。职工基本医疗保险门诊待遇在个人账户的基础上建立有门诊统筹补助等，参保人员的个人账户资金，按标准划入，可用于支付规定范围内的门诊、购买药品等费用；门诊统筹待遇在门诊医疗费用支出达到起付额后，在 6000 元限额内按照社区卫生院 80%、其他医疗卫生机构 50%、零售药店就医购药 30% 的比例报销；职工基本医疗保险住院待遇主要由统筹基金保障，支付实行起付标准和最高支付限额制度，20 万元以内住院医疗费用按一级卫生院 90%、二级县级医院 85%、三级医院 80% 比例报销。

城乡居民基本医疗保险基金和被征地农民大病保险基金实行统筹管理。门诊待遇方面，参保人员在医保定点机构普通门诊按就诊医院不同给予不同自费比例及报销比例的门诊统筹补助，最高补偿额均为 400 元/人。住院待遇方面，参保人员在医保规定支付范围内的住院费用，按就诊医院不同以不同起付标准和报销比例支付，每人每年最高支付 160000 元。

同时职工基本医疗保险、城乡居民基本医疗保险和被征地农民大病保险参保人员还享受门诊规定病种补助、门诊慢性病保障待遇，在报销相应病种门诊费用时，提高支付比例与支付限额。

（二）各项医疗保险基金收支运行情况

1. 职工基本医疗保险基金运行情况

2018 年海宁市职工基本医疗保险年末参保人数 427655 人，其中在职职工 339662 人，退休职工 87993 人，在职退休比为 3.86。基金收入 192587 万元，比 2017 年增长 21.61%；支出 141035 万元，比 2017 年增长 19.69%，待遇支出 130330 万元，其中住院支出 68669 万元，门诊支出 61661 万元（见图 1），当年结余 51552 万元，累计结余 385103 万元（其中个人账户结余 116309 万元），基金年末支付能力 32.77 个月。

2. 城乡居民基本医疗保险基金运行情况

2018 年城乡居民基本医疗保险参保人数 358431 人，较 2017 年降低 2.84%，享受待遇人次 4190101 人，较 2017 年增长 5.92%。2018 年海宁市城乡居民基本医疗保险基金收入 63711 元，比 2017 年增长 8.98%；支出 59917 元，比 2017 年增长 12.55%，待遇支出 56477 万元，其中门诊支出 12781 万元，住院支出 43696 万元（见图 2）。当年结余 3794 万元，累计结余 13128 万元，基金年末支付能力 2.63 个月。

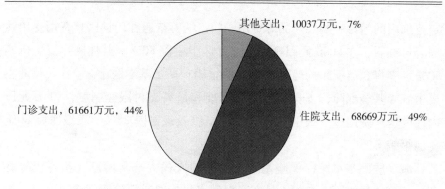

图 1　2018 年海宁职工基本医疗保险基金支出情况

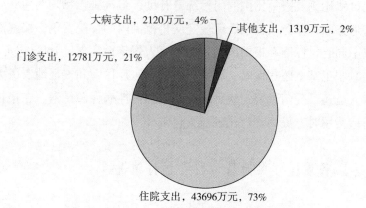

图 2　2018 年海宁城乡居民基本医疗保险支出情况

3. 被征地农民大病医疗保险统筹基金运行情况

2018 年被征农民大病医疗保险参保人数为 82000 人，同比增加 0.93%。2018 年海宁市被征地农民大病医疗保险统筹基金收入 25782 万元，支出 23050 万元，当年结余 2732 万元，累计结余 3766 万元，基金年末支付能力 1.96 个月。

（三）各项医疗保险基金收支趋势及运行能力分析

1. 职工基本医疗保险基金收支平衡，略有结余

2014 ~ 2018 年海宁市职工基本医疗保险基金的收入分别为 106591 万元、129921 万元、131392 万元、158362 万元、192587 万元，年均增长率为 15.94%。支出分别为 68672 万元、83619 万元、101636 万元、117832 万元、141035 万元，年均增长率为 19.71%（见图 3）。2014 ~ 2018 年职

工基本医疗保险的年末参保人数分别为 374152 人、383636 人、399320
人、404802 人、427655 人，年均增长率为 3.4%，其中在职职工人数分别
为 317336 人、320075 人、328302 人、325993 人、339662 人，年均增长率
1.71%；退休职工人数分别为 56816 人、63561 人、71018 人、78809 人、
87993 人，年均增长率 11.56%（见图 4）。职工医保基金收支呈稳定上升
趋势，参保人数逐年稳定增加，基金规模不断扩大，基金收支基本平衡。
但是不可忽视的是，人口老龄化对职工基本医疗保险参保人员带来影响，
2014~2019 年参保退休职工的年均增长率远高于参保在职职工的年均增长
率。总体来说，2014~2018 年职工基本医疗保险基金运行状况良好，处于
收支平衡、略有结余的状态，但是未来发展仍面临一定压力。

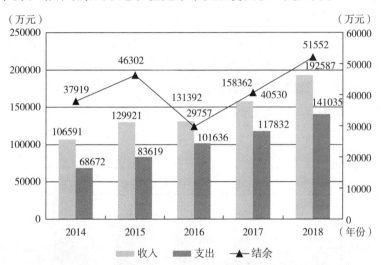

图 3   2014~2018 年海宁市职工基本医疗保险基金收支情况

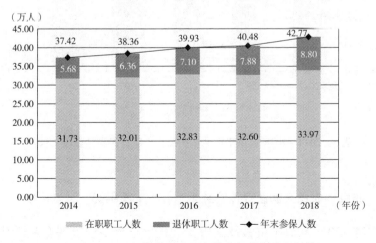

图 4   2014~2018 年海宁市职工基本医疗保险参保情况

2. 城乡居民基本医疗保险基金收支不稳定，基金难以长期安全运行

2014～2018年海宁市城乡居民基本医疗保险基金收入分别为39339万元、41038万元、40702万元、58463万元、63711万元，年均增长率为12.81%，支出分别为31559万元、48044万元、47173万元、53237万元、59917万元，年均增长率为17.38%（见图5）。2014～2018年城乡居民基本医疗保险的参保人数分别为384256人、377840人、371482人、368901人、358431人，年均增长率为–1.72%，享受待遇人次分别为3328439人次、3615747人次、3612710人次、3834552人次、4190101人次，年均增长率为5.92%（见图6）。由此可知，城乡居民基本医疗保险的收支总体呈上升趋势，但收支波动幅度较大、不稳定。2015年、2016年当年结余出现了赤字；参保人数呈下降趋势，而享受待遇人次则逐渐增加，参保人数下降的主要原因是原参加城乡居民基本医疗保险人员就业后转入职工基本医疗保险。城乡居民基本医疗保险运行状况不乐观，随着参保人数的降低与群众医疗需求的增加，收支不稳定，基金难以长期安全运行。

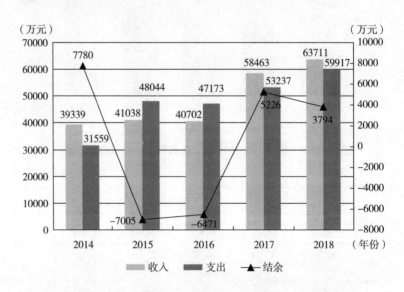

图5　2014～2018年海宁市城乡居民基本医疗保险基金收支情况

3. 被征地农民大病医疗保险统筹基金收支不平衡，难以持续

2014～2018年海宁市被征地农民大病医疗保险统筹基金收入分别为25782万元、20909万元、9879万元、5181万元、16164万元，年均增长

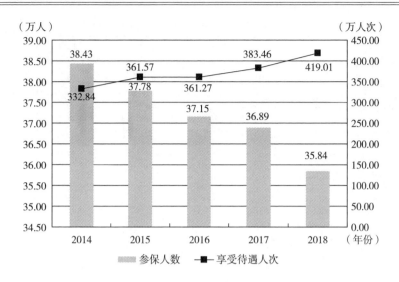

图6 2014～2018年海宁市城乡居民基本医疗保险参保情况

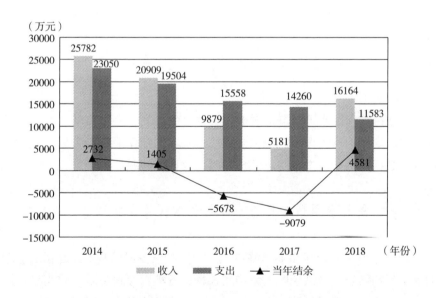

图7 2014～2018年海宁市被征地农民大病医疗保险统筹基金收支情况

率为 -11.02% （见图7）。2014～2018年海宁市被征地农民大病医疗保险参保人数分别为76342人、79591人、78542人、80526人、81276人，年均增长率为1.58%（见图8）。由此可知，被征地农民大病医疗保险收支不平衡，依据当年征地情况的不同，每年的收支差异巨大，资金结余较少，抗风险能力较差，随着征地项目减少，财政将面临较大的兜底责任。

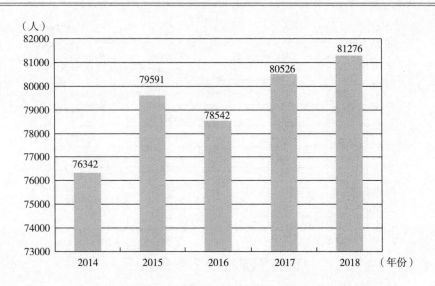

图8 2014～2018年海宁市被征地农民大病医疗保险统筹基金参保人数

二、存在问题及原因分析

随着医疗保障水平及群众对健康关注度的提高，海宁市基本医疗保险基金的收支压力逐渐增大，现主要以职工基本医疗保险基金为例，对比周边县市数据，分析海宁市基本医疗保险现存在的问题。

（一）医疗费用增长过快，导致基本医疗保险基金支付压力大

2014～2018年海宁市职工基本医疗保险和城乡居民基本医疗保险基金的支出年均增长率均高于收入年均增长率，各项医疗保险基金收支平衡压力不断加大。支出增长较快主要受到医疗保险政策导向、医疗保障水平与医疗服务需求的提高等因素的影响。

2014～2018年海宁市职工基本医疗保险与城乡居民基本医疗保险的待遇性支出增长迅速，人均待遇支出增长特别明显，住院支出、住院率持续增长（见表1、表2）。以职工基本医疗保险为例，2014～2018年海宁市职工基本医疗保险基金支出增长72362万元，年均增长率为19.71%。与周边县市相比，海宁市职工基本医疗保险基金的平均参保人数与人均支出均偏大。2018年海宁市职工基本医疗保险基金支出141035万元，其中：

医疗保险待遇支出 130331 万元，远远高于周边县市。待遇支出分别较桐乡、嘉善、平湖、海盐多 45447 万元、69536 万元、29931 万元、60910 万元；人均支出 3414.52 元，高于桐乡 2864.68 元、嘉善 2830 元、平湖 3127.64 元。2018 年海宁市职工基本医疗保险门诊总支出 61661 万元，按门诊人次分摊的次均门诊支出 133.02 元；住院总支出 68669 万元，按住院人次分摊的次均住院支出 10439.11 元，均高于周边县市。

表1　2014～2018 年海宁市职工基本医疗保险支出情况

单位：万元

年份	总支出	待遇性支出	人均待遇支出（元）	住院支出	门诊支出	住院率（％）
2014	68672	68421	1890	33987	34434	1.15
2015	83619	82035	2182	41088	40947	1.21
2016	101636	98042	2517	48028	50014	1.38
2017	117832	114109	2817	54472	59636	1.40
2018	141035	130331	3155	68669	61661	1.42

表2　2014～2018 年海宁市城乡居民基本医疗保险支出情况

单位：万元

年份	总支出	待遇性支出	人均待遇支出（元）	住院支出	门诊支出	住院率（％）
2014	31559	30251	91	23062	7189	1.68
2015	48044	46155	128	34739	11416	1.68
2016	47173	45159	125	33518	11641	1.80
2017	53237	51657	135	38341	13316	1.84
2018	59917	56478	135	43696	12781	1.85

究其原因，一是医疗服务需求的提高，随着生活水平的提高，人们医疗保健意识加强，医疗费用在日常消费中的比例逐渐加大，专业化的治疗与系统性的健康检查成为越来越多人的选择；二是医疗机构服务水平的提升，医疗技术的不断发展、医疗设备的更新换代、医用耗材药品方面的研发等都增加了医疗费用的支出；三是群众对于健康的关注度提高，由于患者对于医疗价格的不敏感、对医疗专业技术的不了解等原因，更多地倾向于选择更加高级别的医院、更加权威的专家与更加复杂的诊疗方式，分级诊疗及家庭责任医生制度实施效果不明显；四是过度医疗现象仍存在，部分医疗机构通过违规收治患者、重复检查、延长住院时间等手段"小病大

治"违规套取医保资金；五是医疗保险制度的影响，目前各基本医疗保险住院待遇政策优于门诊待遇政策，容易产生"小病大养"的现象，部分老年慢性病患者甚至选择长期住院治疗，极易造成医保资金的浪费；六是医疗保险基金支付方式不完善，多种付费方式没有通过总额预算有效地统一起来，基本医疗保险基金支出控费效果不明显。

（二）基本医疗保险制度设计不合理，人均缴费水平低

2018 年海宁市职工医疗保险与城乡居民医疗保险总收入分别为192587 万元、63711 万元，均高于周边县市，但是职工医疗保险的人均个人缴费基数、缴费费率处于较低水平。

外来务工人员大病医疗保险（单建统筹）缴费机制是导致海宁市职工基本医疗保险缴费基数与缴费率偏低的主要原因。目前，海宁市的职工医疗保险由单位按本单位全部职工工资总额的 6% 缴纳，个人按缴费基数的2% 缴纳，而外来务工人员大病医疗保险由单位按职工养老保险缴费基数的 3% 缴费，个人无须缴费就可享受医疗保险待遇，2018 年职工医疗保险的缴费基数为 5090 元/月，外来务工人员最低缴费基数为 3360 元/月，筹资标准上的差异导致海宁市职工基本医疗保险的人均缴费基数明显低于周边县市。

（三）个人账户结余过多，基本医疗保险基金沉淀规模较大

2018 年海宁市职工基本医疗保险个人账户基金收入 94589 万元，其中医疗保险费收入 89204 万元；支出 75992 万元，其中待遇性支出 74210 万元；个人账户基金当年结余 18596 万元（见图 9），年末滚存结余 116309万元，占基金总滚存结余的 30.20%。随着职工基本医疗保险基金规模的扩大，个人账户基金的累计结余也在不断增加，个人账户累计结余在职工基本医疗保险基金总结余中的占比也逐渐增加（2014～2018 年由 27.94%增加至 30.2%）。与周边县市相比，海宁市职工基本医疗保险个人账户基金规模上明显偏大。

个人账户建立的初衷是为了实现门诊费用包干，达到控制医疗费用增长的目的，但是随着门诊统筹制度的出台，不再实行门诊包干，个人账户的福利性质更加明显，而个人账户资金使用过程中暴露出的漏洞与弊端也

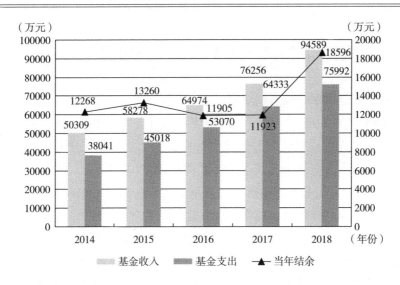

图9　2014～2018年海宁市职工基本医疗保险个人账户收支状况

逐渐显现：一是个人账户资金的沉淀现象较为明显，医保资金未得到合理利用，与总体支出的较快增长形势相悖；二是个人账户资金管理困难，零售药店购药费用持续增长。

（四）医疗服务监管不到位，部分定点医药机构行为不规范

目前，海宁市有定点医疗机构72家，其中三级医院2家，二级医院5家，乡镇街道卫生院14家，其他诊所、养护院等51家。非营利性医疗机构24家，营利性48家。定点零售药店221家，其中连锁药店121家，单体100家。近年来，海宁市多次开展医保基金检查与专项审计工作，2018年以来，终止医保协议的医药机构25家，其中零售药店23家（连锁药店占8家），医疗机构2家，海宁市定点单位审核扣款2018年1月至2019年8月共808.4万元。医保资金管理机构在一定程度上规范了定点医药机构的行为，但是由于查处手段单一、惩处力度不足等原因，定点医疗机构行为不规范现象还是屡有发生，如部分定点医疗机构存在违规挂床住院、降低入院标准等问题，部分民营医院及诊所存在违规收治病人现象，部分定点零售药店存在价格虚高、违规使用医保卡购买日用品等情况。

（五）医疗保险市级统筹加大基金支付压力

根据浙江省医疗保险制度纵向统一工作要求，嘉兴市范围内医疗保险制于 2020 年开始统一，政策的调整使基金收支面临更大压力。一是企业职工基本医疗保险单位部分缴费基数由海宁市上年职工平均工资（2019年为 5520 元/月）调整为养老保险缴费基数（2019 年为 3330～16600 元/月），经测算，缴费基数的降低使得基金年收入减少 15654 万元；二是职工养老保险缴费年限也将视作医保缴费年限累计，补缴比例由缴费基数的 5.6%（80%×7%）下降到 5%；三是基本医疗保险待遇调整，职工基本医疗保险二级医疗机构门诊统筹报销比例由 50% 提高至 60%，乙类药个人先承担部分由自费调整为自负，可以纳入后续各类补助和大病保险报销范围，随着报销比例的提高与报销范围的扩大，医保基金支出增加。

三、建议意见

为合理配置医疗资源，保证基本医疗保险基金的可持续运行，建议从以下几方面着手进一步完善海宁市基本医疗保险体系。

（一）完善医疗保险政策

为解决海宁市大病医疗统筹基金不可持续的问题，建议通过建立引导激励机制的方式，将被征地农民引入职工基本医疗保险或城乡居民基本医疗保险体系，实现与省市基本医疗保险政策的无缝衔接。具体建议如下：一是将被征地农民大病保险参保人员纳入职工基本医疗保险或城乡居民基本医疗保险体系，由参保人员自行选择参加职工基本医疗保险或城乡居民合作医疗保险，被征地农民在安置时一次性缴纳的费用抵扣 15 年相应保险的费用，其余按照相应标准继续缴纳保险费用；二是对退休人员基本医疗保险补缴政策做出调整，对于未达到缴费年限的退休人员按照标准继续缴纳，直至缴费年限满后才享受退休人员医保待遇。

（二）深化基本医疗保险支付方式改革

海宁市应继续贯彻落实国家和省、市基本医疗保险支付方式改革的相关政策，深化基本医疗保险支付方式改革。构建起一个以区域总额预算与点数法为基础的多元付费方式，提升医保参保人员的获得感，促进医疗机构健康发展。一是全面推进总额预算管理，按照"以收定支、收支平衡、略有结余"的原则，以上一年度医保基金收支决算情况为基础，综合考虑经济增长水平、下一年度收入预算等多方面因素，通过各统筹区域医保部门会同卫生健康、财政部门及医共体牵头医院等医保相关部门多方谈判，确定下一年度医保基金总额预算的方式；二是科学分配制度，在医保基金总额预算管理的前提下，通过对所有医疗服务项目设定点数的方法，年终按照各医疗机构年内获得的点数对医疗服务进行付费；三是完善多元付费方式，其中门诊服务主要采用按人头付费的方式，住院服务主要采用DRGs付费方式，其中不利于分组的精神病、长期慢性病等按照床日付费，复杂住院病例通过一事一议的方式按项目付费。通过深化基本医疗保险支付方式改革的方式，实现"控基金"与"提质量"的双目标，将基金支出增速保持在10%以内。

（三）调整划入统筹基金比例，弱化个人账户

海宁市2019年出台的文件已对职工基本医疗保险个人账户的划入标准与支付范围进行了优化：一是以固定金额作为职工基本医疗保险基金个人账户划入标准，与缴费基数脱钩。二是调整了职工基本医疗保险基金个人账户的使用范围，个人账户当年资金仅可支付基本医疗保险支付范围内的门诊（普通、急症）医疗费用、定点零售药店购买药品费用，不再用于支付住院、规定病门诊费用里的个人自负部分。个人账户历年结余资金可用于支付基本医疗保险按规定由个人承担的自理、自负、自费医疗费用；可用于支付使用除国家扩大免疫规划以外的预防性免疫疫苗费用；可用于家庭共济、购买商业健康保险。建议海宁市在已有基础上进一步弱化个人账户的作用，逐年降低个人账户划入标准，同时适当调整门诊统筹补助起付额度、最高补助标准等，防治过度增加参保人员的门诊负担，最终取消职工基本医疗保险个人账户。

（四）强化医疗行为监管

为保障参保人员医保待遇的公平合理享受，需要不断地加强医疗行为监管，控制医疗费用不合理增长。一是按照国家和省统一规划和部署，完善医疗保险信息系统，对定点医疗机构医疗费用实行全程实时监管，建立对药品、高值医用耗材使用情况及大型医用设备检查等重点医疗行为的跟踪监测评估，杜绝不合理医疗及各种欺诈冒领行为。同时，逐步建立与海宁市医保基金承受能力相适应的医保政策体系，确保医保制度和基金可持续。二是结合相关规定，制定符合海宁实际的定点医药机构的服务标准，规范定点医药机构行为。三是定期开展专项检查工作，对于存在财务制度、内控制度不健全的定点医药机构责令其限期整改，对于存在严重违规行为的定点医药机构予以核减违规费用、取消医保定点资格等处理。四是畅通群众举报渠道，建立线上线下举报平台，针对群众提供的线索组织人员及时核查并及时反馈。五是形成医保监管部门联动机制，建立医保基金监管部门联动制度，破除部门责任的藩篱，形成监管合力，通过一定的财政投入实现基金的平衡，下一步将引入信息技术公司、会计师事务所等第三方机构参与基金监管，建立智能监管平台，组建医保系统社会组织，推进社会监督，并且将违规查处结果与医药机构注册、医师职称评定、个人诚信记录相挂钩，提高违规成本。

参考文献

［1］南洪波，赵德慧．人口老龄化对城镇职工医保基金收支平衡的影响——基于 2004～2015 年省际面板数据的证据［J］．上海经济研究，2017（10）：36-44．

［2］牛建林，齐亚强．中国医疗保险的地区差异及其对就医行为的影响［J］．社会学评论，2016，4（6）：4338．

［3］董丹丹，孙纽云，孙冬悦等．医保基金有效使用：风险管理、国际经验与政策建议［J］．中国卫生政策研究，2013，6（1）：21-27．

［4］崔馨桐，金英喜．安图县城镇职工基本医疗保险运行状况分析［J］．新西部，2017（2）．

［5］朱俊利，赵鹏飞．北京市城镇职工医疗保险基金可持续缺口预测［J］．中国卫生政策研究，2017，10（2）：37-43．

诸暨市发展村级集体经济的财政支持研究

——基于典型案例的分析

郑彬博　周小云 *

摘　要　村级集体经济是农村经济中的重要组成部分，其发展程度关系整个农村经济发展大局，发展壮大农村集体经济是促进经济发展和实现共同富裕的重要物质基础，是实现全面建设小康社会的坚强支柱。本文以诸暨市富裕村、一般村和薄弱村的典型案例为研究对象，从支持村级集体经济发展的财政政策出发，分析诸暨市现有对村级集体经济发展的财政支持。2017～2019 年来诸暨市在财政支持村级集体经济，提升村级集体经济组织的经营性收入上效果显著，但仍然存在财政资金投入不足、缺乏财政配套措施、农村集体产权制度改革未及深处等问题，本文结合政策梳理及案例分析提出针对性改进对策建议。

关键词　村级集体经济；诸暨市；财政政策

一、引　言

村级集体经济，作为农业现代化与市场经济相融合的产物，其不仅关系到农村有序发展和农业稳定、农民自身收入水平和生活质量的提高，同时也是贯彻乡村振兴战略的必要基石，发展村级集体经济有助于加速实现农业现代化和缩小城乡差距，是带动农业农村发展的有效途径。

诸暨市自 2016 年开始，先后完成新农村建设、保护历史村落等工程，

---

*　作者简介：郑彬博，浙江财经大学东方学院财税学院教师。周小云，浙江财经大学东方学院财税学院学生。

2019 年以来大力引导发展物业经济、盘活存量资产、因地制宜用好自然资源等，吸引资金、技术、人才回归，提高了当地村集体与村民自我发展的能力，将特色资源变成特色资产，促进村级集体经济持续性壮大。财政在其中起了很大的作用，诸暨市通过制定财政资金、产权、税收等政策，开启了村级集体经济增收大门。

截至 2019 年，诸暨市村级集体经济经营性收入达 30 万元以上共有 425 个村，占总村数的 89.29%。其中富裕村（经营性收入达 50 万元以上）55 个，且经营性收入稳定在百万元以上。虽然诸暨市村级集体经济增收工作成效显著，但仍有 51 个村经营性收入在 30 万元以下，其中 13 个村经营性收入在 20 万元以下，属薄弱村，还未完成 100% 消薄工作。本文将梳理财政政策及成效，并分析富裕村、一般村和薄弱村典型案例，总结问题，从财政角度提出针对性改进建议。

二、财政政策与成效

诸暨市辖 5 个街道、17 个镇和 1 个乡。通过 2017 年《诸暨市村级集体经济转型发展三年行动计划（2017 年—2019 年）》的发布，正式拉开村级集体经济消薄攻坚战帷幕。截至 2019 年底，已提前完成原计划，将原来经营性收入在 20 万元以下的 315 个薄弱村缩减到了 30 个，据统计当前还剩余 13 个薄弱村，并且诸暨市村均年收入冲破了 200 万元，60% 以上的村年收入高达 100 万元以上且经营性收入高于 20 万元。

诸暨市通过三年行动计划，制定一系列财政政策，并通过"三资"（资金、资产、资源）平台科学民主监管，大幅降低了村级债务，诸暨市 2019 年经营性收入在 30 万元以下的村集体剩余 51 个。于是诸暨市自主抬高标准，争取在 2020 年实现全部村经营性收入达到 30 万元以上。诸暨市将通过一村一策的要求，加强监测村级集体经济发展动态，展开专项项目扶持工作。

（一）支持诸暨市村级集体经济的财政政策

1. 直接补助财政资金方面

诸暨市财政局不断完善涉农资金统筹整合长效机制。2017～2019 年，诸暨市持续三年投入专项资金 5000 万元，集体项目专项贷款 5000 万元和 50 亩建设用地指标，施行八条增收政策与两条节流政策，助力诸暨市村级集体经济发展再次突破。

2019 年诸暨市向上级争取了 1500 万元省级乡村振兴绩效提升奖补资金；"一事一议"助力乡村建设 2000 万元；省级农村综合改革集成示范项目资金 2000 万元；山下湖镇米果果小镇成功被列入省级田园综合体项目，获得 1800 万元专项资金补助。

2. 间接扶持引导增收方面

2019 年诸暨市自身提高标准，将原来计划中的"增收八条"改为"增收十法"，致力于村级集体经济增收。

一是基金分红。2013 年，市镇村三级政府分别出资建立村级集体经济发展基金，其中财政出 2.6 亿元专项资金，向社会筹资 4.04 亿元，投资于政府融资平台，获得利息收入。2019 年进一步完善基金分红机制，动态调整基金股份，将 55 个前三年经营性收入稳定在 50 万元以上的村退股，并鼓励一批市级薄弱村再参 1 股。经此改变，全市参股村从 2018 年的 415 个削减到 388 个，而参股数从 446 股增加到 516 股，兑现每股分红 7.5 万元。二是产业发展。市政府提供产业发展的多样化渠道与方案，村集体利用当地资源优势，如土地、环境、文化等优势资源，通过"村播""村淘"等营销方式，创新性地发展特色产业、现代农业、游览项目等。三是土地入股。村集体组建股份合作社或专业合作社并进行集中管理与经营，引导村民用土地承包经营权入股，将股份流转给企业并进行分红，以此增加集体经营性收入。四是资源盘活。将山、林、田、地、湖等资源盘活利用，通过公开招标、重建农房、危房等方式，盘活农村闲置资源，增加村级集体收入。通过将闲置资源盘活，赋予新的功能，收取租金来提高村集体收入，同时也提供了新兴就业岗位。五是物业经营。在具有地理交通优势的城区、集镇所在村投资建设市场、房产进行物业经营，对有条件的村级组织进行异地购置、入股物业房产等指导，提高物业租赁收入。还有个别村集体联合利用优势吸引有资本的企业进行物业投资与经营，租赁给其他薄弱个体户增加收入。六是服务增收。运用村级组织服务承包功能，承接河道清洁、垃圾分类、绿植养护等劳务服务。暨阳街道安家湖村在这方面做得尤为突出，该村利用村沼气站的运营，将生活垃圾分类工作承接过来，与街道政府签订合作协议，由安家湖村村民负责清理运输周边

14 个村的厨余垃圾并用沼气站进行集中化处理，街道办事处则每月支付垃圾分类和处理的费用。七是乡贤反哺。用村级集体经济项目吸引村里外出创业成功人士回乡创业，并通过牵线搭桥、投资捐助等方式，为村集体引入资金与项目，促进村级集体经济收入增加。同时也为企业提供了项目与收入，实现双赢。八是村企结对。2019 年诸暨市展开了"百企结百村、消灭薄弱村"的村企合作项目。第一批引导了 32 对村企进行结对，并要求每一个企业构思确定 1 个以上帮扶项目投入到结对薄弱村。九是村企BOT。吸引私营企业投入集体经济项目建设经营，但项目产权为村集体所有，且协议到期后无偿交接给村，达成村企共赢。如村集体提供土地，通过公开招标的方式与企业签订合约，合约期内企业自行使用土地建设，定期交租金，合约期结束需返还土地。十是金融支持。诸暨市农业农村局与农商银行签订合同，要求银行提高对市级集体经济薄弱村的授信额度。创新性地提出推出"富民贷"贷款，即发放给村级集体经济相对薄弱的经济合作社，用于村级基础设施建设、村级集体项目建设等投资。

（二）支持诸暨市村级集体经济的财政政策成效

1. 村级集体经济收入不断提高

如图 1 所示，2017 年，诸暨市村级集体经济总收入 8.25 亿元，增长 25%，全市共 503 个村集体，村均 164 万元，全部总收入达 15 万元以上，经营性收入达 5 万元以上，全面消除省级薄弱村。2018 年，诸暨市村级集体经济总收入 9.4 亿元，增长了 14%，村均 187 万元，93% 的村集体经营性收入

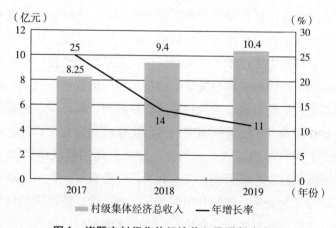

图 1　诸暨市村级集体经济收入及增长率变化

达 20 万元以上，56.5% 的村达到了 30 万元以上。2019 年，诸暨市村级集体经济总收入 10.4 亿元，增长 11%，完成 80% 村集体经营性收入超过 30 万元。①

2. 农民收入逐步提高

近年来，诸暨市村集体增收渠道不断拓宽，给村民提供了许多就业岗位，使村民的收入逐步提高。例如，陶朱街道、暨南街道通过盘活资产资源，将留置用地置换商铺，通过公开招标出租商铺收取租金；枫桥镇、应店街镇将银行贷款置换民间借款，由村集体与银行达成协议，享受基准利率，不但减轻了村级债务负担，还实现了大量增收；大唐街道、山下湖镇统筹经营村级资产资源，发展旅游业，带动了村民通过销售蓝莓、烧酒等农副产品赚取收入；店口镇利用政府扶持资金，进行村企合作，组建劳务公司，薄弱村参股农贸市场或廉租房建，各参股村按股份分红，村民不仅能获得分红收入，还能在劳务公司谋得一份工作赚取个人收入。

3. 农村市场商贸活动增加

诸暨市将山林田地湖等资源盘活利用，通过公开招标，重建农房、危房等方式，盘活农村闲置资源，增加村级集体收入。通过将闲置资源盘活，市政府提供产业发展的多样化渠道与方案，村集体利用当地资源优势，如土地、环境、文化等优势资源，通过"村播""村淘"等营销方式，创新性地发展特色产业、现代农业、游览项目等。同时建立商铺改变传统农业方式，丰富了农村市场商贸活动。截至 2019 年，诸暨市累计激活闲置农房 1346 间，吸纳社会资本 5.85 亿元；创新推出农村"产权＋信用"贷款，累计发放 4187 户，贷款余额 5.32 亿元；通过产权交易平台开展交易 1372 笔，交易额 1.27 亿元。

三、典型案例研究

（一）30 万元以上先进富裕村——诸暨市山下湖镇解放村

山下湖镇解放村是一个典型的发展村级集体经济致富的富裕村，是第

---

① 诸暨市政府，2017～2019 年《诸暨市国民经济和社会发展统计公报》。

一批通过发展村级集体经济致富的村集体，并且通过村企合作达到经营性收入 367 万元的高收入水平。解放村本是一个以水稻栽种为主的农业村，虽然土地资源丰富，但无法实现流转使用，造成了资源浪费。在乡村振兴战略和村级集体经济消薄攻坚战打响之际，村两委和乡镇财政各方发力，转变经营理念与经营方式，目前多以土地流转、发包承包、村企合作等方式实现村民增收，提高了经营性收入比重，将解放村转变成了一个先进富裕村。

2013 年，解放村组建了股份经济合作社，将村民较为分散的土地一户一户流转起来，并在 2015 年由村委作为中介，将村民的地皮统一租赁给浙江米果果生态农业集团有限公司，由米果果公司向村股份经济合作社支付土地租金，再由合作社统一支付给农户，按市场价每亩土地 600 斤稻谷计算，每年能确保村民每亩土地有 1000 元收益。此外，签订的三方协议中明确以"保底收益 + 赠予 10% 股份 + 利润分成"的形式，紧密联结解放村农户的利益关系，让农户享受多重收益，且分红每一年不低于 50 万元。解放村通过村企合作、土地流转，使村集体收入每年持续增长 100 万元，摆脱了从前仅靠水稻种植，无法充分利用土地的局面。

从图 2 中可以看出，山下湖镇解放村在 2017～2019 年村级集体经济经营性收入实现稳步增长，且在 2018 年大幅度增长，相较于 2017 年，解放村除了米果果公司的土地流转以及股份收益外，村民的积极性大大增加，大量个体农户承包土地大规模种植水稻、水果，大大增加了土地流转效益。

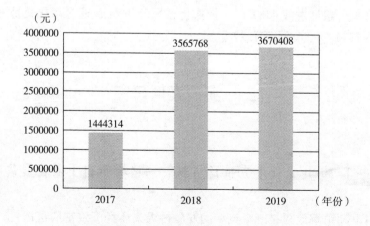

图 2　山下湖镇解放村 2017～2019 年经营性收入

对于解放村以及米果果小镇的发展建设，财政资金也做出了积极的贡献。建造米果果小镇共投入 3000 万元，其中申请中央财政补助资金 1000 万元，市级财政补助资金 400 万元，自筹 1600 万元。其中米果果水果园和 AAAA 级景区是最主要的工程，包括了 3 条生产线与景区的基础设施。另外，财政还投入了 965 万元用于田埂道路沿线提升改造、桥梁建设以及环境治理，其中中央财政补助 500 万元，市级财政补助 300 万元，乡镇财政补助 165 万元。

（二）20 万元以上 30 万元以下一般村——牌头镇同文村

牌头镇同文村是一个典型的农业村，耕地包含 1382.17 亩水田与百余亩旱地。同文村被列入 2020 年公布的《2019 年经营性收入 30 万元以下村名单》，但是在 2019 年突破了 20 万元标准，退出了薄弱村行列，且其具有特色资源，因此选择同文村进行这样底子薄但取得阶段性发展成果的一般村案例进行研究。

同文村也建立了股份经济合作社。同文村股份经济合作社的作用分外部和内部。外部是向外公开招标，如牌头镇霞泽坂—水霞张农村公路提升工程、土地开发项目、旱改水耕地质量提升项目、同文村大龙潭改造工程等。内部是面对村民，同文村股份经济合作社通过土地发包、土地流转、场地租赁的方式，向村民提供水塘、旱地、茶山等，提高村民自身动手能力及收入，同时提升整村集体收入。

从图 3 中可以看出，同文村集体经济收入呈上升趋势，在 2019 年成功消薄，跳出经营性收入低于 20 万元的行列，但是还未突破 30 万元大关，主要原因在于发展渠道单一，缺少类似于山下湖镇解放村这样村企合作的大型项目。

但是，同文村利用了红色基地这一特色优势资源建立了教育基金。同文村有浓厚的红色文化底蕴，是革命烈士张秋人的出生地，张秋人烈士墓是省级文物保护单位，由此同文村关工委建立"张秋人教育基金"，向上级政府申请资金，于每年 8 月下旬向在校的大、中、小学优秀学生和特困学生发放奖（助）学金，同时该红色基地吸引了许多游客前来扫墓、参观，也促进了同文村对外招商引资公开招标。2019 年同文村还与中国移动建设有限公司浙江分公司签订协议，收取通信场所租赁费，突破了往年以农业为主要营生的做法。

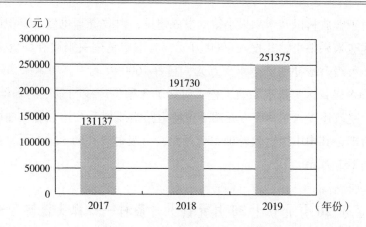

（元）

图3　牌头镇同文村2017～2019年经营性收入

同时，市镇财政部门也投入了对同文村的财政补助。市镇政府每年从土地开发、土地复垦、环境治理、村组织运作等方面进行资金补助。如2017年牌头镇政府发放2016年度村级池塘清淤工程补助款35000元、村组织运作经费16808元；2018年下拨2017年剿灭Ⅴ类水体整治资金补助款50732.5元、土地开发项目补助款518400元、土地复垦补助款500000元；2019年发放农村土地确权村级运行经费补助款27153元，公厕改造、生活污水处理等补助款640000元。通过这些补助收入，同文村进行了闲置土地开发、土地复垦开发新的承包项目，对村内低保户、五保户的危房进行修缮和改建。

（三）20万元以下薄弱村——牌头镇牌一村

牌头镇牌一村在2020年公布的《2019年经营性收入30万元以下村名单》中，且2019年村集体经济收入在19万元，还未突破20万元大关，是一个薄弱村。牌一村基础较为薄弱，缺少充分的开发性资源，是一个典型的薄弱村，但是牌一村也实施了村级集体经济项目，呈现经营性收入稳步上升的态势，对于本文主题有一定研究意义。

牌一村股份经济合作社主要以土地发包的形式实现集体增收。牌一村有丰富的鱼塘、田地资源，村民大多承包鱼塘、田地进行养鱼销售、种草莓销售来提高经济收入。另外，牌一村还通过土地流转，租出停车场当作学车训练场地，将长潭大桥前地块租赁给浙江气昂建设公司，收取租赁费。

从图 4 中可以看出，牌一村的村级集体经济经营性收入呈现稳步增长趋势，但是 2019 年经营性收入仍未超过 20 万元的薄弱村标准，与其他村相比有明显不足，主要是因为：第一，牌一村统辖范围小，相较其他村人口少、土地资源少，基础薄弱。利用土地资源发展村级集体经济项目是壮大村集体收入的基本方法，而牌一村只能零散地利用土地发包，承包给村民进行种植和售卖，归属于集体的收益较少。第二，牌一村缺少特色资源。利用特色资源因地制宜地开展村级集体经济项目是提高集体经济经营性收入的突破口，如同文村利用张秋人烈士的光辉事迹建设红色基地，带动该村教育事业与旅游事业。而牌一村只能够局限于土地流转、土地租赁，没有挖掘出可利用发展的特色资源。第三，财政补助较少。镇政府每年下发土地复垦补助款 300000 元、旱改水补助款 400000 元；2017 年发放 2016 年村级池塘清淤工程补助款 12000 元；2018 年发放 2017 年村级池塘清淤砌石资金补助款 25500 元、环境综合整治应急劳务补贴费用 26650 元、土地复垦项目奖金 80000 元；2019 年发放耕地保护以奖代补资金 34280 元、郦家开发区污水改造补助款 33797 元。

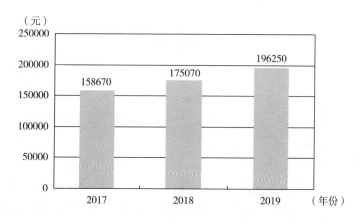

图 4　牌头镇牌一村 2017~2019 年经营性收入

四、现存问题

（一）财政资金投入不足

从前文三个处于不同阶段的村集体对比可以看出，各村财政资金投入有很大差别。山下湖镇解放村平均每年的补助收入为170万元，而同文村平均每年补助收入在80万元左右，牌一村平均每年补助收入60万元左右。牌一村的补助款明显少于富裕村和一般村的补助收入，特别是土地复垦和土地开发项目的资金较少，由于财政是通过土地复垦与开发的面积来确定金额，因此牌一村的补助资金偏少，这不利于牌一村关于村级集体经济项目的开展。

其根本原因在于，类似于解放村这样的先进富裕村有其长久开展的如米果果小镇这样的旅游业，需要的配套资金多，申请配套资金相对方便，但同文村和牌一村这样的一般村或薄弱村缺乏固定产业，基本以土地发包、土地租赁为主要收入，且其复垦、开发的土地面积较小，配套的土地复垦、开发的资金相应偏少。同时其增收渠道较窄，发展模式固化，没有主动开发新项目，因此资金需求较少。这反映了财政投入的不足，没有根据各地实际情况设置专项配套资金，没有做好薄弱村、一般村的引导工作，导致各个村集体之间的贫富差距越来越大。

（二）缺乏财政配套措施

2017～2019年诸暨市财政每一年投入5000万元专项资金，但财政仅将资金拨付到各个地方政府，实际发展思路还是得由各个村集体各自发力，尤其是土地缺乏农村集体建设留用地配套政策，缺少非农建设用地的政策安排，导致像牌一村这类薄弱村由于缺乏土地资源和特色资源，村集体难以发展起来。

同时，发展村级集体经济特别是依靠旅游业的村集体项目，需要在公共基础设施建设上投入大量资金，如道路、桥梁、公园的修建，村集体组织的支出不断上升。但财政补助的资金没有进行细分，关于公共基础设施建设的配套资金不能全部解决，容易形成债务，对村集体前期发展压力较大。

另外，已有项目的村集体缺乏资金，且融资困难，侧面反映出财政配套措施的缺乏，初期投入大，但后期投融资配套资金不足，以及与银行、信用社等金融机构协调的金融政策出现衔接不力，农业贷款风险补偿政策普及力度还不够。

（三）农村集体产权制度改革未及深处

2018年，诸暨市建立"三资"管理平台，将资金收支统一到线上系统管理，但是经过实践来看，还是存在几点问题，改革未及深处。第一，村集体缺少专业人才。村委财务人员专业能力不够，对政府部门的资金科目设置不熟悉，常出现科目设置错误，财政资金使用效率低下。第二，产权流转交易通常交给村股份经济合作社来负责，以此来吸收社会资本。改革面向城中村、城郊村和经济发达村这些有经营性资产的村集体，但是一些薄弱村经营性资产较少，便会出现不使用或较少使用产权交易平台进行流转，这就存在着资金监管的问题。

五、结论及政策建议

诸暨市在发展村级集体经济方面有其先进性与创新性，在三年时间内实现 80% 村集体经营性收入在 30 万元以上，且每个村都以稳步增长经营性收入的态势发展。本文根据现实选取富裕村、一般村、薄弱村的各自典型案例进行比较，深入剖析形成不同财富规模的背后逻辑，着眼财政视角深入剖析诸暨市在发展村级集体经济过程中遇到的问题，并给出建议如下：

（一）加大财政资金投入，建立更加公平合理的分配制度

财政需对村级集体经济发展投入更多的补助资金并进行分类细化，针对富裕村、一般村、薄弱村要进行不同程度的财政补助，建立更加公平合理的分配制度。特别是薄弱村，更需要财政资金的投入，开垦、盘活集体建设用地，开发村级集体经济项目。

一方面，要建立长效机制，不能只定一个统一的投入指标，要根据村集体的发展情况实时更新，全面加强村级集体经济发展动态监测，实行一月一通报。在加大投入规模的同时拉长监测时间，保证村级集体经济在资金下拨上能够不拖延及时跟上，长期地做好资金投入的保障。

另一方面，要因村施策，因地制宜。每个村集体发展的项目类别不同，有旅游业、开发闲置房产出租、打造新型商铺等，资金需求不同，这就需要财政投入不同力度的资金。市镇财政可通过一村一策将资金分批下拨，并畅通资金申请的渠道，深化落实"最多跑一次"改革，这样既调动了村集体的积极性，也能保证后续资金充足、项目有序发展。

（二）建立财政配套措施，丰富投入方式

财政应建立财政配套措施、丰富投入方式，仅靠投入资金难以改变一些村集体走土地承包的老路。可通过如下方式提高村集体的创新和发展能力：

第一，建立专项资金，缓解发展过程中的债务压力。一方面，针对薄弱村需建立村集体建设留用地配套资金，将一定比例的土地转换为村集体建设用地用于开发商业，摆脱薄弱村一贯的土地流转与承包等农业用途，鼓励村集体开发非农经营模式。另一方面，建立村集体发展集体经济时所需的公共基础设施建设的配套资金，与集体经济项目资金区分开来，并设置专款科目，实行专业性管理，做好资金债务实时监管。

第二，畅通金融贷款渠道，解决融资难问题。政府需与银行、信用社等金融机构在"三农"问题、村级集体经济发展问题上协商沟通，签订协议，在贷款利率上做到普农惠农，并在村民中做好宣传引导，解决发展后期资金需求压力大的问题。

（三）深化农村集体产权制度改革，做好资金监管

诸暨市农村"三资"管理平台的建立是农村集体产权制度改革中具有引领性的一项举措，能够更加系统地登记、查询和监管各村资金。但普及力度不够，政府需配备掌握公共部门会计的专业人员进行登记管理，为各村会计人员提供岗前培训、定期考核，保证资金数据的准确无误，提高资金管理的能力。

另外，深化农村集体产权制度改革还需强化各村使用产权交易平台，采取硬性规定普及产权交易平台，做好系统软件的全方位测试，将土地流转事项都体现在平台上，并将招标书、交易合同、资金流转都公开在交易平台中，配备专业人员进行后台数据监测，做好资金监管。特别是针对一些经营性资产较少的薄弱村，更要加强平台使用的宣传引导，明确责任人，将已有的经营性资产登记在系统中并实时更新，定期检查。

参考文献

［1］成涛林. 城乡一体化背景下促进苏州农村集体经济发展的财政政策［J］.

地方财政研究，2014（3）：53－58.

［2］李健．敦化市黄泥河镇农村集体经济的发展现状与对策研究［D］．延边大学，2019.

［3］李萍，王军．财政支农资金转为农村集体资产股权量化改革、资源禀赋与农民增收——基于广元市572份农户问卷调查的实证研究［J］．社会科学研究，2018（3）：44－52.

［4］李坤梁．凤冈县发展壮大村级集体经济问题研究［J］．基层农技推广，2019（1）.

［5］宁凯娜．支持农村集体经济发展的财政政策研究［D］．河南大学，2019.

［6］丘永萍．农村集体经济组织发展影响因素研究——基于省级面板数据的实证检验［J］．经济研究参考，2018（44）：40－49.

［7］秦晟凯．吉林省安图县农村集体经济组织收入现状分析［D］．延边大学，2019.

［8］吉鹏．我国农民专业合作社财政扶持政策效应研究［D］．中国农业科学院，2018.

［9］王乔萍．诸暨市村级集体经济发展存在问题、影响因素及对策研究［D］．浙江农林大学，2019.

［10］张深友，童亚军．财政支持农村集体经济发展的路径与对策［J］．理论建设，2016（4）：40－43.

关于政府产业基金推动新兴
产业高质量发展的研究

曹智慧　葛菱*

摘　要　加强资本运营，整合重组政府资金，建立以政府为主导，专业化管理、市场化运营的产业引导基金，是融资造商、培育企业，壮大区域经济的主要方式。并且，政府产业基金的设立可以促进国内外优质资本、项目、技术、人才的聚集，实现政府主导与市场化运作的有效结合，推进创业创新和产业转型升级，加速本地经济的发展，所以近年来，政府产业基金呈现井喷式增长。然而，2018 年在资管新规和宏观流动性缩水双重压力下，资本市场遇到了前所未有的寒冬，政府产业基金逐渐降温的背后折射的是政府产业基金实际运作的困境和矛盾。2019 年政府产业基金也进入探索和发展的新关口。因此，积极寻找存在的问题和原因，探索解决问题的措施，从而开辟政府产业基金服务经济高质量发展，推动新兴产业发展的新路径是目前面临的重要工作。

关键词　政府；产业基金；存在问题；新路径

一、引　言

党的十九大报告提出，各级财政要积极探索采取市场化手段支持产业和企业发展，积极促进产业结构的深化与调整。而设立政府产业基金就是实现这种目标的重要方式之一，同时也是改革竞争性领域财政资金投入方式的有效途径。目前各地政府通过不断探索，以财政注资方式设立了大批

＊　作者简介：曹智慧（1973—），海宁市财政局，高级职称，研究方向为政府产业基金理论与政策实践。葛菱（1992—），海宁市财政局，研究方向为财政政策理论与实践。

政府产业基金，政府产业基金具有广阔的发展前景。但由于我国政府产业基金发展起步晚，各项经验不足，仍不可避免会出现一些问题。

本文旨在掌握了解目前全国整体的产业基金发展状况，并以 H 市政府产业基金发展存在的共性问题，探索解决问题的措施，从而开辟政府产业基金服务经济高质量发展，推动新兴产业发展的新路径。

二、政府产业基金的内涵和本质

（一）政府产业基金的定义

"政府产业基金"这一概念，并未在法律法规中以定义的方式出现，但与其相关联的"创业投资引导基金""政府投资基金""政府出资产业投资基金"等概念曾相继在相关法律法规、政府文件中出现。根据 2015 年 11 月财政部出台的《政府投资基金暂行管理办法》（财预〔2015〕210 号），实践中我们在使用"政府产业基金"这一概念时，通常泛指由政府通过预算安排，以单独出资或社会资本共同出资设立，采用股权投资等市场化方式，引导社会各类资本投资经济社会发展的薄弱环节，支持相关产业和领域发展的资金。其设立宗旨是发挥财政政策导向作用，实现政府引导与市场化运作的有效结合，加快推动创业创新和产业转型升级。

（二）政府产业基金的特点

（1）事前投资。改变传统财政补助以事后为主的形式，通过事前或事中的资金注入，使政策性资金的到位与企业投资、研发周期资金需求相吻合，切实缓解企业投资及研发过程中的资金压力，体现政府资金的导向作用。

（2）集中使用。改变传统财政补助资金分散使用绩效不明显等问题，通过财政资源配置的调整，精准扶持高科技企业、高成长性企业和战略性新兴产业及其他重大产业项目，充分发挥财政资金"四两拨千斤"的作用。

（3）有偿使用。改变以往财政扶持资金无偿补助给企业的形式，通过产业基金、创投基金和国有公司，以股权投资方式对扶持对象进行投资，"拨改投"后，使资金获取方有偿使用财政性资金，实现财政资金滚动运作、循环使用。同时，根据企业类别及导向性差异，设置部分让利性条款，达到扶持产业发展的目的。

三、目前全国政府产业基金的发展现状

（一）法律体系建设情况

在我国，产业投资基金最早是从设立境外产业投资基金开始的。近年来，随着《中华人民共和国信托法》的颁布，《中华人民共和国公司法》《中华人民共和国证券法》的修改以及《中华人民共和国合伙企业法》的修改，产业投资基金设立与运作的法律体系逐渐成熟。

（二）政府出资产业投资基金方式多样

首先，《政府出资产业投资基金管理暂行办法》明确指出，凡是政府通过财政性资金出资，投资对象为非公开交易企业股权的股权投资基金和创业投资基金均属于"政府出资产业投资基金"并接受国家和各地方发改委的监督和管理。其次，政府出资产业投资基金由符合条件的专业基金管理人进行管理，政府出资人不得参与基金日常管理事务，而基金的托管权则委托给国内的商业银行，实现了政府投资基金的所有权、管理权和托管权的有效分离，有利于基金的市场化运作和专业化管理。同时，政府出资产业投资可通过参股基金、联合投资、融资担保、政府出资适当让利等多种方式，从而使政府投资基金在贯彻产业政策、引导民间投资和稳定经济增长等方面充分发挥作用。

（三）建立基金绩效评价体系，加强基金监督管理

目前，国家发改委建立并完善了对政府出资产业投资基金和基金管理人的绩效评价指标体系，将产业投资基金的绩效评价重点落在对政策引导

效果和社会经济效益等方面,如基金投向、引导和放大效果、资金使用效率和对产业拉动效果等。根据评价指标对政府出资产业投资基金和基金管理人绩效进行系统性评分,并将评分结果适当予以公告。

(四) 政府基金投资现状

近年来,在经济增长放缓,供给侧结构性改革深入推进的背景下,各级政府设立产业基金的热情非常高,政府产业基金呈现井喷式增长,2016年新设立政府产业基金 572 只,达到历史最高点。根据清科私募通统计数据,截至 2018 年 11 月 20 日,我国设立政府产业基金 2065 只,目标规模已达 12.27 万亿元。在科技创新不断发展的背景下,2019 年股票市场新增了科创板块,给政府产业基金的发展提供了一条重要的渠道。同时,为了加快产业发展、促进产业转型,各类政府产业基金开始向产业深化,并按照自身特色将投资方向与产业挂钩,我国不断加强产业化的属性,引导包括信息通信、新材料、互联网医疗、新能源等在内的高技术领域的企业和项目不断发展。但是,在资管新规和宏观流动性缩水双重压力下,资本市场遇到了前所未有的寒冬,新设立政府产业基金逐渐降温的背后,折射的是政府产业基金在实际运作中的困境和矛盾。

四、H市政府产业基金运行模式

H 市政府贯彻落实"变补为投"的理念,早在 2009 年试行创投基金运作的基础上,通过加大财政专项资金改革力度,整合资源,于 2015 年设立了 H 市转型升级产业基金,作为财政扶持企业发展、推动产业转型升级、服务经济高质量发展的重要举措。目前,该产业基金主要以子基金的形式运作,包括:

(一) 通过多元化出资结构,引进社会资本进行运作管理的市场化基金

2018 年 2 月,H 市以 30% 的财政资金撬动 70% 的社会资本,组建了总规模 10 亿元的绿色产业投资基金。该基金为市内首个市场化运作的子

基金，采取同股同权的方式，以 30% 的子基金资金带动 70% 的社会资本落地 H 市实体项目，撬动比例可高达 10 倍。产业基金选择有基金管理资质的独立第三方作为基金管理人，助力本土优质企业做大做强。通过政府产业基金入股民企，增强企业融资信用，为企业维持正常运营和推动后续发展提供有力支撑。H 市两家优质企业被产业基金圈定出的两只"潜力股"，获得了首期超 1 亿元的资金支持。特别是被投资企业在股改上市的关键时刻，项目领投人因资金原因无法出资的情况下，绿色产业基金及时介入并帮助企业直接融资，并起到部分领投人的示范作用，引入其他社会投资者。绿色产业基金利用丰富的海内外投资经验，嫁接自身资源为被投资企业对接沙特市场，打通上下游产业链，协助企业股改，致力于将公司打造成为瓶级 PET 行业的全球龙头企业。

（二）组建并运行了体现政府引导性的以政府资金为主的招商基金

培育、发展一个新的产业，在寄托于传统的土地、税收等优惠政策实现招商引资跨越式发展越来越难的情况下，以基金招商为主的资本招商，因其既能够满足招商项目资金、技术、人才等迫切需要，又完全契合当前监管要求的特点，得到了各级政府越来越多的重视。2018 年，根据 H 市市委、市政府举全市之力发展泛半导体产业的决策部署，在原有开发区产业投资公司的基础上，将招商基金规模增加至 10 亿元，主要投资于半导体全产业链的新设规模型企业、成长型企业，进而招引入驻，推动招引项目的落地进程。截至 2019 年 9 月中旬，基金已投资项目共 19 个，投资规模近 6 亿元，并用基金资金带动了三倍多的社会资本投资。这类基金一般以优先股方式进行投资，采取一定期限收益让渡、约定退出期限和回报率、按同期银行贷款基准利率收取一定的收益等方式给予适当让利，适用于各发展平台和产业强镇（街道）用于招商引资，同时也适用于对重点产业及重点企业的投资。管理方式上可通过政府购买服务的方式择优选择基金管理人，并由基金管理人按市场化原则组织尽职调查，供政府决策。

（三）组建了投资于初创期企业的创投引导基金

H 市创投引导基金为通过市政府安排设立并按照市场化方式运作的政

策性基金，用于引导社会资本投向 H 市主导产业和战略性新兴产业，主要投资于初创期、成长期科技型中小企业，特别鼓励投资于种子期、起步期的科技型初创期企业，大力推进自主创新和高新技术产业化，加快培育和发展战略性新兴产业，促进优质资本、项目、技术和人才集聚。创投引导基金主要采用阶段参股、跟进投资、直接投资和风险补偿等投资方式，适用于"天使投资基金""创业投资基金"等投资模式，重点对人才项目、科技孵化项目给予投资。

五、地方政府产业基金发展存在的问题

（一）政府产业基金整体机制不完善

（1）基金管理体制不健全，缺乏统一的基金管理机构。就 H 市来说，由于缺乏明确的责任主体和出资主体，由不同部门分头管理的政府产业基金出现重复投资或资源分散等情况。从这可以看出，多头运作分散管理的方式缺乏统一的管理牵头机构。同时，产业基金设置存在条块分割：在现有的政府产业基金中，既有按行业设置的，又有按阶段设置的，导致一些基金投资标的重复，部分行业基金与天使基金、创投基金的政策目标交叉重叠。

（2）项目决策、管理效率低下。首先，基金投资决策程序不够规范。政府基金投资是应用到企业发展建设中去的，也是要参与市场竞争的。而市场化的基金，对于项目的调查、审核、决策及投后管理应有一整套完整的风控体系。但现行地方政府产业基金支持变成了招商引资的标配，且所谓的招商基金无非是政府提供低利率资金给企业使用，这就使得政府基金的决策流程与市场发展情况不符合，导致政府投资不够科学合理。其次，地方政府下属的金融投资公司作为转型升级母基金管理人，尚未实现实体化运作，招商平台的投资公司也无专业人员。基金的投后管理是预防风险、最大程度发挥政府产业基金作用的重要工作，随着投资项目的增加，加强投后管理工作已迫在眉睫，而在这种情况下，政府对于投后管理方面仍存在不重视、管理水平不够等问题。

（3）绩效考核机制滞后。政府设计产业基金的目的是为了促进企业的发展，如果企业利用这些基金却没有获得较大发展，就使得政府基金的设立失去了意义。虽然目前各级政府已经建立起绩效考核机制，但这些机制仍不完善，制约了产业基金持续健康运行。政府产业基金在运营中存在着国有资产增值保值和基金的政策性目标之间的冲突，使许多政府产业基金在设立之初，无法对基金的政策性目标进行精准定位，也无法对基金的绩效实行量化考核。所以相关部门难以将政府投资基金纳入公共财政考核评价体系，无法对基金支持产业的政策目标、政策效果及其资产情况进行评估或考核评价。

（二）社会资本募资难，社会资本参与积极性不高

（1）部分项目政府产业基金出资比例过大。由于基层政府利用政府产业基金招商的需求比较迫切，各发展平台相应成立不同的政府产业基金，出现同一项目申请不同的政府产业基金支持或基金相互嵌套等情况，致使政府资金在部分项目中的出资已超过 30%，甚至变成第一大股东，不符合基金管理办法的相关规定。也有部分项目子基金出资是以老股转让的形式进行，没有发挥政府基金撬动社会资本的杠杆作用。

（2）银行资金基本无通道进入政府产业基金。2018 年 4 月资管新规的出台，对"多层嵌套和通道""禁止资金池"等做出了明确规定。停止这两项业务意味着除券商外的其他机构不能借道券商发行产品，许多银行使用理财资金参与政府产业基金必然受到限制，从而导致无相应的资金通道参与政府产业基金的出资。

同时，资管新规提高了私募基金合格投资者的门槛，直接导致合格投资者数量减少，给一些品牌效应相对偏弱的机构带来了较大压力。

（3）传统融资渠道受限。在供给侧结构性改革以及产业转型升级创新的大背景下，地方政府对产业升级的资金需求越发加大，但国家一系列关于防范政府隐性债务和金融风险的规定更加严格，使传统融资渠道受到限制，给政府产业基金的募资带来很大难度。

（三）投资效率低下

（1）可投项目匮乏。首先，政府在设立产业基金前缺少科学合理的考量和计划，对部分企业发展情况、地区实际了解不够，未能结合经济发展

形势和地区实际来有针对性地进行资金引导。其次，政府设立产业基金的主要目的是引导社会各类资本投资经济社会发展的重点领域和薄弱环节，支持相关产业和领域发展。客观上讲，政府引导基金所在区域应具备解决产业重点领域和薄弱环节、发展战略性新兴产业和高技术产业的条件，同时必须有一定的人才、技术、项目资源储备。然而在实际操作中，受所在区域人才、科技、教育、金融等方面发展的影响，欠发达地区项目资源有限，往往陷入无项目可投的情况，产业基金规模与优秀项目之间的矛盾日益显现，有违设立该产业基金的初衷。目前各地政府引导基金都会对投资地域和行业做出严格界定。有的地方规定专项基金投资于本地的额度应不低于政府出资的两倍，而全国产业投资活跃区域并不多见，这增加了寻找优质项目的难度，也导致部分优秀市场化投资机构不敢与产业基金合作。

（2）政府性资金与市场化资本目标不同，导致部分产业基金结存现象严重。从资本属性上分析，政府产业基金由财政资金与社会资金组成。财政资金首先考虑的是资金的安全性，大多数不追求盈利，而社会资金要求较快获得相应投资回报，一般也能承担一定程度的风险。财政资金和社会资金在风险承受力和盈利诉求上的矛盾，制约着引导基金运营的方方面面。

从投资领域上分析，重点项目和薄弱环节是政府产业基金应该予以重点支持的领域，特别是市场失灵、外溢性明显、缺乏足够的纯市场化社会资金投入的薄弱环节，在理论上应是政府产业基金的主要投资范围，也符合政府"引导"的本义。但在实践中，对于风险较大的项目，政府产业基金无法按市场化运作的规则投资，从而减缓了产业基金运行推进的步伐。

（四）投资预期效益一般，资金安全风险较大

（1）部分已投项目无退出通道或担保能力不足。为配合招商引资而由政府资金设立的政府产业基金，因决策程序简单、没有实施严格的尽职调查、项目投决存在行政化代替市场化等问题，使个别项目投资风险较大。另外，在产业转型升级、新旧动能转换的过程中，发展和培育一个新兴的高科技产业，需要人才支撑和资金支持，而这些团队往往在投资初期没有足够的回购能力或担保能力，项目实施成功与否又存在较大的不确定性，进一步加大了基金投资的风险。

（2）部分项目资金使用效率不高或使用不规范。据投后管理反映，在

现行政府产业基金的运作过程中，不排除部分产业资本出资不到位、资金存在调度或使用效率不高等问题。一方面，根据政府产业基金投资办法的规定，需要产业资本同比例同步到位，但企业往往出于资金高效周转的需要，无法及时到位认缴出资或在到位后随意调度资金。另一方面，基于公司下一步发展规划或项目投资尚未成熟等情况，大量资金被留存于账上。资金使用效率不高，同样也影响项目进展。

六、对策和建议

针对上述问题，在此提出相关对策和建议，寻求以产业基金推动新型产业发展的新路径。

（一）完善政府产业基金组织架构，明确政府职能定位

各政府产业基金要建立完善基金管理委员会、基金法人机构、基金运营机构三个层次，实现决策、评审、执行相分离，各司其职，相互制约，促进政府产业基金规范运作。同时，应明确政府职能定位。设立政府产业基金的目的是利用政府投资和政策倾斜带动社会投资，发挥政府宏观调控的作用，优化资源配置。要改革现有的每个项目都要基金配资的模式，对于一些产业链前端的基础性创新和作为中间投入品的设备创新等市场投入不足领域，如半导体、集成电路等行业，由于初期投资规模大，回报周期长且风险较高，无社会资本可导入的情况下，可适当加大政府出资比例，以强化基金的引导作用。对于有希望得到市场认可的项目，应优先导入社会资本，按市场化运作，以提高资金利用效率并降低风险。

（二）吸引社会资本参与，探索多元化的引导运作模式

目前政府产业基金的运行模式较为单一，政府财力资源有限，因此需要采取多元化的资金募集策略，充分发挥产业基金资金的杠杆效应，解决产业基金融资难的问题，真正减轻地方政府出资压力。一是可以根据当地经济发展的实际情况和具体条件采取多种形式的基金运行模式，如将参股模式、融资担保和风险补偿等模式有机结合起来，增强对社会资本的吸引

力；二是强化市场化运作，适当放开投资限制，包括投资地域和投资领域，避免由于投资本地比例过高而导致的优质项目数量不足，避免投向错配；三是加大对相关行业的政策扶持力度，制定有利于行业发展的优惠政策，吸引、发展和培育一批机构投资者，鼓励各类金融机构和大中型企业共同参与政府产业基金。

（三）加强科学考量，适当调整相关规定

提高政府产业基金的科学化、专业化水平，中央和各级地方政府相关管理部门、财政部门要围绕充分发挥产业基金的重要引导作用，统筹规划，对产业基金的设立要进行科学论证和做出翔实可行的规划。各级财政资金注资投向相近的政府投资基金应加强合作，建立以资本为纽带，通过互相参股、联合投资等多重方式的产业基金。同时对产业基金发展进行一定程度的量化指导，避免在同一行业或领域重复设立基金。要制定政府产业基金发展的长期规划，确保财政资金支持的持续性。

同时，地方政府应该全面考虑政府产业基金的政策目标、管理目标和经济目标，结合当地实际情况，适当调整产业基金的限制门槛，根据重点产业发展的需要，把政府产业基金与市场化基金的目标取向和考核评价标准区分开来，实现产业基金的政策目标与市场效益的有效结合。一方面，应明确政府参与和一般社会资本参与产业投资基金的区别，体现政府参与的政策目标和社会效应。政府产业基金不以营利为目的，因此可以设立灵活的让利机制调动社会资本的积极性，发挥调控作用。另一方面，获取经济效益才是基金存续并长期支持产业发展的前提，因此可以适当放宽产业基金投资的限制条件，帮助基金管理机构筛选优质项目。

（四）加快建立政府引导基金绩效评价制度

政府应不断建立并完善产业基金绩效评价制度，有效应用绩效评价结果。通过关注基金管理人履职情况、基金税收就业带动情况、产业引导效果、基金运作合规性、被投项目成长情况、政府在投决中的角色等考核内容来对企业进行绩效考核，有效地规范、约束企业的经营行为，并定期开展评价，及时发现运作问题，完善产业基金的终止和退出机制，对市场能够充分发挥作用的领域要及时退出。着力提高产业基金资源配置效率，推

进其更好更快地发展。

（五）完善运行机制，建立多层次的管理体系

首先，政府应该优化国有投资企业投资决策机制，建立健全独立、完善的基金公司管理架构，制定相关制度，明确管理团队与基金管理公司、基金的权责利关系，明确部门监管职责，建立相应的投资容错机制和风险补偿机制，确保基金运行的安全、有效。其次，应按照市场化方式的运作，引进专业的管理团队，通过进一步创新人才培养模式和人才引进政策，包括培训、深造、落户优惠政策等方式，完善收入分配制度和激励机制，大力培养、引进高层次基金管理的专业人才，提高基金运作效率。另外，应建立适合长期目标的考核体系和引入第三方评价机构，对政府产业基金的运作绩效进行客观、公正的评价。对投资进度快、综合效益好的参股子基金给予基金管理机构一次性奖励以及增加产业基金出资额度；对投资进度慢、综合效益差的参股子基金，则相应削减产业基金出资额度；对规定期限内未能实现投资或实际投资比例较低的参股子基金应考虑不予支持，并考虑停止与相关基金管理团队的合作。另外，对于直投项目要慎重，对市委市政府重点扶持的投资项目，也应遵循风险控制的要求开展投资，降低投资风险和决策风险。

七、结论

设立政府产业基金是促进企业发展、解决企业融资难困境的有效方式，也是符合社会发展趋势的必然要求。在政府设立产业基金的过程中，应立足实际、科学考量，有针对性、科学合理地进行投资，从而最大限度地发挥财政资金的杠杆作用，吸引民间资本参与创业投资，推动创业投资产业和本地经济的发展。本文立足县市，放眼全国，了解掌握了目前全国政府产业基金的发展情况，通过 H 市发展存在的问题找出了全国的共性问题，并给出了合理可行的建议，为政府决策的制定和完善提供了思路和借鉴，以实现政府产业基金助力创业投资、发展新兴产业、促进产业转型升级的目标。

参考文献

［1］H 市人民政府 . H 市创新投融资体制支持经济转型发展管理办法（试行）
［Z］. 2017 – 05 – 17.

［2］国家发展改革委关于印发《政府出资产业投资基金管理暂行办法》的通知
［EB/OL］. http：//www. ce. cn/culture/gd/201701/16/t20170116 – 19631764. shtml.

［3］政府引导基金：12 万亿的困境与矛盾 ［EB/OL］. http：//finance. east-
money. com/a/201812131005901355. html，2018 – 12 – 17.

［4］H 市财政局 . H 市财政局关于 H 市企业扶持政策和政府产业基金的工作情况
汇报 ［Z］. 2019 – 04 – 08.

［5］中国人民银行　中国银行保险监督管理委员会　中国证券监督管理委员会
国家外汇管理局 . 关于规范金融机构资产管理业务的指导意见 ［Z］. 2016 – 06 – 30.

构建集中财力办大事政策体系，
促进县域经济和社会事业协调发展

蒋雪标　周益超　朱曹阳*

摘　要　为更好地促进高质量发展和"两个高水平"建设，浙江省委、省政府 2018 年提出集中财力办大事，并结合《中共浙江省委浙江省人民政府关于全面落实预算绩效管理的实施意见》精神，在 2019 年全面构建集中财力办大事财政政策体系。集中财力办大事体系构建是一项探索性的工作，本文结合海宁市近些年在财政管理工作中的探索实践，总结经验、做法，分析研究集中财力办大事体系构建的问题所在以及原因，并从这几方面入手，理清下一步的工作思路，给出构建海宁市集中财力办大事政策体系的建议，促进海宁市经济和社会事业协调发展。

关键词　县域经济发展；财政体制；集中财力；公共服务；资金绩效

一、背景及意义

财政管理体制改革。根据《财政部关于 2018 年中央和地方预算执行情况与 2019 年中央和地方预算草案的报告》，中华人民共和国成立以来，财政管理体制改革不断推进，1994 年分税制改革后，中央财政占全国财政收入比重从 22% 增长到 50% 左右并趋于稳定，2018 年度中央财政一般公共预算收入占全国一般公共收入的 46.6%，中央掌控了绝大部分财政收入。地方政府经过一系列改革后，面临着有限财力与县域经济和社会事业持续发展而增长的财政支出之间的矛盾。对海宁市而言，收支平衡压力突出，同时也面临着土地财政不可持续、融资平台带来负债高等问题，需要

---

*　作者简介：蒋雪标、周益超、朱曹阳，海宁市财政局课题组，组长蒋雪标。

构建集中财力办大事的政策体系，将有限的财力投入县域经济和社会事业发展中去。

"省管县"体制进一步改革。浙江省先后通过三轮"强县扩权"和一轮"扩权强县"强化与扩大县级市的权力，赋予县属地级市的经济管理权限，将县与市放在了平等的经济关系上，在很大程度上调动了县级发展经济的积极性。1994 年分税制后，市县两级建立了相对独立的财政体制，形成相对独立的利益主体，财政体制上的平等和行政体制上的上下级关系，不可避免地出现一些问题和矛盾，甚至出现了县级经济活力超过地市级的情况，地市集聚和带动作用减弱，如义乌等地区就出现了反带动和反辐射地市的现象。这种背景下，集中好县级财力办大事，激活县域经济，既面临挑战又面临机遇。

浙江省委、省政府要求 2019 年全面构建集中财力办大事财政政策体系，但是，我国关于集中财力办大事的理论研究较少，特别是县级层面如何做好集中财力办大事缺少探索。本文在分析财政大环境的情况下，结合海宁市近些年在财政资金管理工作中的探索实践，总结经验、做法，分析研究集中财力办大事在基层的可行操作，理清下一步工作思路，为深化财政管理改革提出建议，也为构建海宁市集中财力办大事政策体系提供一些参考。

二、集中财力办大事政策体系理论基础

(一) 财力的有限性

财力的有限性同时体现在结构和总量上。海宁市一般公共预算收入 2016 年为 72.00 亿元，2017 年为 77.72 亿元，2018 年为 89.00 亿元[①]，每年均有增长，除税制改革因素外，年度收入稳步增长。而政府性基金收入每年波动较大，虽可有效补充当年地方财力，但由于其基金属性，支出结构受限较大，大多用于土地征用、造地改田以及基础建设投资，不能满足机构运行和日常支出。另外，财政刚性支出较多，在有限财力的情况下，

---

① 2016～2018 年《海宁市财政决算报告》。

政府需要合理配置财政资源，对县域内一般公共服务、公共安全、教育、社会保障、农业等各方面进行支出，协调经济和社会事业发展。以 2018 年为例，海宁市可用财力约 120 亿元，其中维持市级及镇、部门正常运行支出接近 60 亿元，各类社会事业扶持支出超 43 亿元，此外还有上缴各项上下级政府共同事务款项、还本付息、政府投资项目支出等，全年财政实现紧平衡，将财力用到刀刃上刻不容缓。

（二）公共产品理论

财政支出按公共产品理论也可以分为对这三类产品的支出。纯公共产品具有非竞争性和非排他性，如行政运行、事业运行、国防支出等，是财政必须保障的支出；私人产品具有竞争性和排他性，如对企业进行扶持奖励等，是适合交由市场配置资源，财政支持应当逐步减少支出；混合产品具有一定的竞争性或排他性，如科技、教育、文化、卫生、农业、社保等财政补贴。财政支出要求符合公共性，所以集中财力办大事体系的主要框架应该是在保障纯公共产品的基础上，减少私人产品支出，优化混合产品中财政支出的结构。海宁市地方财政支出 2018 年科技、教育、文化、卫生、农业、社保等混合产品支出达到 47.60 亿元，占全市一般公共预算支出的 57.25%[①]，所以做好集中财力办大事对保障财政支出公益性、优化财政支出结构、提高财政资金绩效有很大意义。

（三）财政分权和财政竞争理论

财政分权是中央政府将一定的财权、事权下放至地方政府，由地方政府自主决定预算支出的结构和规模，来提升地方公共服务的一种财政体制。财政分权旨在发展地方经济，提升地方社会福利，实现地方稳定。我国财政从一开始的"统收统支"大包干到"营改增"后的现代财税体制，经过财政分权后，地方财政收入占全国财政收入比重从 1953 年的 17% 稳定到 21 世纪的 40% ~ 50%，绝对值从 36.22 亿元增长到 97904.5 亿元[②]，同时，浙江省实行的"省直管县"体制更让县级得到了更多的经济支配权，让地方有更多的财力来提供公共服务。

---

① 《海宁市人民政府关于海宁市 2018 年财政预算执行情况和 2019 年财政预算草案的报告》。
② 中华人民共和国国家统计局数据，http：//data. stats. gov. cn/easyquery. htm？cn = C01。

财政竞争具体表现为税收竞争与财政支出竞争两大核心内容。集中财力办大事能通过影响财政支出，提高政府财政竞争能力，进而影响政府制度、体制、资本、产业等其他层面竞争，通过提供更加优越的公共服务，吸引资本、技术和人才等要素流动，从而反哺税收，进一步增强政府经济能力，使其在竞争中脱颖而出。

三、海宁市集中财力办大事政策体系构建现状

（一）海宁市集中财力办大事政策体系构建相关做法

（1）财政政策清理整合。对财政补助政策的清理有助于提高财政统筹能力，发挥财政政策和资金的激励引导作用，有利于构建集中财力办大事政策体系。近年来，针对经济发展实际，海宁市对涉及财政补助的政策进行梳理。2019 年对财政奖补文件共 307 个，清理整合资金 357535 万元，对不符合经济发展实际的、阶段性工作已经结束的文件统一清理，对一些重复交叉的政策进行归并等，共保留政策 156 个，取消政策 83 个，修改整合政策 68 个，海宁市对将近一半的财政补助政策进行了清理、修改与整合。财政政策的清理整合，为海宁市集中财力办大事政策体系构建奠定了政策范围的基础。

（2）财政资金绩效评价。预算编制时由资金使用单位对专项资金的绩效目标进行确定，年中进行绩效监控，下一年度再围绕市委市政府重点关注的、社会公众关心的、事关经济社会发展的重大政策，选取一些重点项目进行重点绩效评价。绩效评价的目的在于，对资金使用情况、项目效果进行总结，同时，对政策执行情况进行检查，查找政策与资金使用管理中存在的问题。如 2018 年，海宁市组织实施农村生活污水治理与运行维护专项资金、"机器换人"项目生产性设备专项资金等六个政策的绩效评价工作，调整了有关政策，加强了评价结果的应用，提高了海宁市重大政策制定的科学性和执行的有效性。2019 年海宁市出台全省县级市首个《全面贯彻落实预算绩效管理的实施意见》，建立以绩效为核心的财政政策体系和资金管理机制。绩效评价是对财政专项资金管理事后管理的一个重要的方面，通过绩效评价，完善财政专项资金管理，达到财政资金应有

的资金效益，为海宁市集中财力办大事政策体系构建奠定了资金效益的基础。

（3）财政资金信息公开。海宁市自 2017 年起，对全市财政资金预决算情况进行信息公开，对转移支付专项资金也逐笔进行公开，在财政资金使用、监督管理过程中，信息公开也是一项主要的具体抓手。通过信息公开，跳出体制内部循环，接受社会公众的监督，形成一种倒逼机制，对遏制腐败、防范风险、提高资金使用效率起到十分重要的作用。

（二）对浙江省指导意见的实践

针对浙江省财政厅对集中财力办大事政策体系构建的指导意见，海宁市也进行了一定的实践。在前期政策清理归并的基础上，结合省"三大攻坚战"和"富民强省十大行动计划"政策框架，结合海宁市中心工作计划，调整市级财政专项资金清单项目，分项目分来源做好 2019～2022 年财政中期规划，制定财政资金跨年度平衡方案，初步建立集中财力办大事财政政策体系。

四、海宁市推进集中财力办大事政策体系构建遇到的问题

（一）上下级政府财权和事权划分不够清晰

构建集中财力办大事政策体系的前提条件是，上下级政府间财权和事权有清晰的划分。一方面，财权分税已通过税制改革方式不断推进，按照不同税种的属性，通过多种形式在中央和省级政府、省级政府与县市政府间进行政府财力资源的分配。另一方面，事权划分推进进度较慢，目前实质性推进的文件仅有《国务院关于推进中央与地方财政事权和支出责任划分改革的指导意见》（国发〔2016〕49 号），据此各省份相继出台配套文件，相关义务教育、社会保障、"三农"支出、生态环保等近年来新增事权的制度设计采用"上级决策，下级执行，经费分区域分级分比例分担"的原则加以维系，形成了从中央到地方的不同事权。但是事权对各类公共

产品需求按比例划分与财权按税种性质划分两者间无法匹配，而且从财权和事权划分变成了财权和财政事权划分。究其原因，是政府级次与财政级次没有有效衔接，按照《中华人民共和国宪法》我国现行行政区域为省、县、乡三级，按照《中华人民共和国预算法》，我国预算体制分中央、省、市、县、乡五级，按分税制分为中央与地方，而地方指的是省、市、县、乡，其中省以下的财权和事权不一致，职能不明确，导致财权和事权划分在基层难以推行，也直接影响县级财权和事权的匹配。

（二）政府事权增多，要求提高

海宁市已多年占据全国百强县榜单前 30 位，2019 年度排名第 23 位①，2018 年 GDP 达 948.73 亿元，在经济发展取得较好成绩的同时，公众对公共服务的提供也有了更高的要求，许多财政支出事项由"保基本"转变为"提质量"，对公共服务提供的范围也相应有了扩大。如美丽乡村创建专项资金，2013 年之前以村庄整治为主，2013 年起由于创建要求以及村民对美好生活的需要，开始进行创建星级美丽乡村、打造精品村落、创建特色村落、全域整治等项目建设，扩大了范围，也增加了资金总量，由 2400 万元/年增加到了 100000 万元/年以上；层出不穷的新情况也扩大了财政事权的范围，产业扶持、村级经济帮扶、民办事业监管等市场无法有效配置资源的领域，政府也进行了必要的干预。

（三）环境变化快，政策调整速度滞后

随着社会的高速发展和外部环境的不断变化，为应对各种新产生的问题各种文件不断出台。以海宁市为例，全市 40 个业务主管部门有各类现行财政扶持政策 307 条，平均每个部门操作政策 7.7 条，其中仅各种低保救助、养老帮扶、公共卫生等民政卫生类文件就有 77 个，政策碎片化严重。有些政策文件出台后，由于经济形势的变化，并没有进行执行，但也没有及时进行取消、修改；有些政策为了适应目前经济出现的新情况新态势而匆忙制定，实际操作困难，也容易在执行过程中带来一定风险；有些政策社会反响不大，无兑现申请对象等。

———————————

① 《2019 赛迪县域经济百强研究》。

（四）政府竞争及上级考核压力大

县级政府与周边市、县存在横向竞争，包括重大投资项目的审批、优惠政策的争取以及优秀人才和稀缺资源的争夺等方面，意在县域的经济增长、产业结构升级、城镇化进程和农业现代化进程中取得优势。周边市、县经济发展增速较快，使得财政竞争的压力不断升级，容易导致财政支出结构失衡，如过度加大政府投资项目的投入，在产业扶持和招商引资上投入过多资源。同时，因为存在上级政府对下各类考核，如科、教、文、农等领域都有增长指标，在财力有限的情况下，必然会影响公共财政的公共性，这也与集中财力办大事政策体系精神相违背。

（五）预算与执行不规范，存在漏洞

从预算编制与预算执行上看，也存在很多不规范的情况：预算编制方面，部分单位预算编制按照领导意愿分配，脱离业务层级；在财力有限情况下存在优先保障了非必需的项目，造成了重点项目资金短缺；采购预算、政府购买服务预算时没有应编尽编，也没有严格控制标准；预算编制时没有考虑实际支出时间，预算执行滞后。预算执行方面，调整、调剂预算的情况时有发生，2018 年海宁市追加、调整预算项目达 256 个，超 100万元的大项目达 49 个，且一些项目追加后，并不能及时使用资金，造成资金停滞浪费；资金总体执行进度偏慢，结余资金量仍较大，特别是上级转移支付资金，以农业资金为例，2015～2018 年每年结余结转的上级转移支付资金为 5000 万～8000 万元。

（六）重项目、轻资金绩效问题突出

部分单位仍存在争项目但对资金绩效不够重视的现象，表现为：资金绩效目标设置不合理，在预算编制设置专项资金绩效目标时，并不结合实际情况和经济发展的趋势，只是简单沿用上一年度的或随意设置几个目标，绩效评价时调整目标，违背了绩效目标设置的初衷；资金绩效监控和自评"走过场"，绩效自评上报不及时，绩效监控和自评的质量低下，不能反映资金绩效的真实情况；资金绩效评价结果运用不及时，也没有与专项资金的整合、取消挂钩。客观上有些专项如"美丽乡村创建专项"等主要突出社会效益的项目，存在设置经济效益目标困难的情况，或即使设置经济效益目标也无实际产出，这也导致绩效难以评价。

五、构建集中财力办大事政策体系建议

（一）自上而下推动改革，切实保障财政改革落地

第一，完善预算法相关配套，防止利益冲突。新修订的《中华人民共和国预算法》已于 2015 年 1 月开始实施，在战略层面很多条款有所突破和完善，但在各地间基层实施中存在理解和执行上的差异亟须修订和完善，在操作层面上指明方向，将原本模糊的法律用语明确下来，减少制度弹性。同时，新修订的《中华人民共和国预算法》目前与《中华人民共和国审计法》《中华人民共和国统计法》《中华人民共和国教育法》《中华人民共和国政府采购法》《中华人民共和国科技法》《中华人民共和国政府信息公开条例》等多部法律法规有关联，需要从全局的角度科学审慎地评估审查各项内容并加以修订，防止法律法规冲突。

第二，衔接行政体制和财政体制，匹配财权事权。从中央开始，厘清政府与市场的边界，划分政府事权和市场配置，完善政府事权一级目录，在此基础上，逐级向下划分中央政府和各级政府事权二级目录。只有明确上级政府财权事权，下一级政府的财政事权改革才能够跟进，逐步解决各级政府间职能同构问题。同时，调整财权分配方式或行政管理方式，使两者层次匹配，这样税、财、权改革才能联动和提速，如以浙江为例，建议财政制度为"省直管县"的基础上进一步推进强县扩权，最终达到行政管理"省直管县"，进而明确地市地位。同时要加快明确县级下属街道的行政定义和功能定位，帮助其摆脱属于市政府派出机构无独立财权但又承担镇级社会管理等事权的尴尬境地。

第三，统一财政规划和其他规划，明确工作要点。财政规划资金重点，应与政府工作报告、发改委中期规划、各项民生规划相一致。每一届政府都应该在上任时就梳理好未来五年的工作目标，在此基础上制定工作规划，使财政平衡方案与之相适应，在财力有限的情况下，优先集中财力

做好中心工作。着眼全局和长远，亟须摒弃部门利益、地方利益思维，有效达成改革共识，各部门和财政部门一同均衡推进。以海宁市经济发展的主基调"工业强市"为例，未来制定经济发展规划也应围绕这个主要任务，再由主要任务下设分支，制定、调整适合当下经济发展的政策，同时包括对经济改革、经济发展中长期计划、资源开发、产业发展规划、经济外引内联、企业扶持等的调整，财政专项资金也应根据经济发展规划和相关政策进行合并、调整。现阶段在经济发展动力不足的情况下，可以重点支持有科技含量的企业，提升海宁市整体产业水平。

（二）强化政策保障，压减不必要支出

第一，及时调整政策，适应经济发展要求。财政政策应与经济社会发展进一步匹配。在一个周期，比如三年内微调财政奖补政策，在周期即将结束规划下轮周期社会目标时，及时调整新一轮财政奖补政策，阶段性政策在目标实现后应主动退出。针对海宁市财政支出的实际情况，在原先政策清理整合和政策分类的基础上，对现有政策体系进行系统性重新构建，解决财政专项资金管理分散、绩效不高的问题，并逐步建立起重点突出、管理规范、进退有序、保障有力、科学系统的财政政策新体系。围绕经济工作重点，从市场与政府的关系和支出责任两个方面，强化公益类保障、优化准公益类分配、减少竞争类扶持。

第二，集中财力，调整存量、优化增量，突出重点。海宁市政府必须坚持以政策性目标为方向，通过科学调研，明确本地区应当重点发展支持的经济领域，统筹安排地方财政专项资金，集中资金投入重点产业，打造龙头产业，推动全市经济持续发展，并按照"存量调结构，增量优方向"的原则，进一步突出财政资金保障重点，坚持全市一盘棋，在省管县财政体制下，强化市级财政统筹能力，更好地发挥政策和资金的激励引导作用，充分调动市、镇两级政府积极性。对年度新增的项目，进行研究论证，选出适应当下经济形势的项目安排财政支出，对一些不必要、不重要、不紧急的项目暂缓安排支出，将重点支出转向重点项目、优质项目。

第三，规范政策项目预算编制与执行，强化监督指导。加强项目规划工作，强化项目论证办法，重大项目实施前都要经过专家认证、中介论证、听证论证等多种方式，对项目的绩效、财政承受能力等进行民主决

策。建立完整的项目库管理方式，预算安排根据项目轻重缓急选取，实行滚动管理。特别关注政策测算和实际支出差异，对超预算执行的项目及时调整政策，鼓励使用竞争性分配。财政部门从年度财政预算编制入手，逐步建立起财政预算编制审核体系，规范预算编制，重点审核项目与实际需要的匹配性、合理性，以当下经济发展规划和发展重点为依据，对不合理、没有依据的项目一律不予考虑。

（三）优化资金绩效，建立相关制度

第一，高度重视预算绩效工作。根据《中共中央　国务院关于全面实施预算绩效管理的意见》，海宁市也已出台全面实施预算绩效管理的三年计划。财政专项资金作为预算绩效管理中重要的一环，要由政府牵头，各部门协调配合推进，避免财政部门单兵作战。绩效评价牵头部门（财政部门）应对财政专项资金的绩效评价投入更大的精力，每年选取资金量较大的资金项目进行绩效评价，几年一轮进行财政专项资金整体绩效评价，逐步建立全面、规范、有效的财政绩效监督体系。

第二，财政监督评价重点从支出向政策绩效转变。财政、审计等各部门对绩效评价结果的应用是优化财政资金管理的一项重要抓手，绩效评价结果出来之后，督促业务主管部门对产生的问题进行整改，对政策不合理的情况进行修订。通过对绩效评价结果的应用，完善财政专项资金管理，达到财政资金应有的资金效益。对绩效评价的重视，也使得资金管理更加全面，更加注重效果和对效果的应用，对资金绩效评价较差的项目，要进行调整修订或者取消。

第三，加强事中监管，建立预算执行动态监控机制。绩效目标导向，及时关注政策绩效实施情况，对偏移目标的及时纠正。财政支出管理，对财政预算年度内，各单位的预算执行进行监控，对项目实施进度慢、支出进度慢的予以重点监控，采取必要的手段加快项目资金支出进度，定期通报预算执行进度，对通报后仍执行偏慢的项目，与项目主管部门共同排摸原因，并在下一年度预算安排时予以扣减或暂缓安排。主管部门应主动承担预算执行主体责任，做好下属单位项目实施指导。财政部门应对财政业务做好指导，从预算编制到预算执行，再到资金后续监管和绩效评价，对资金使用做好监督与指导，与业务主管部门一同做好财政工作。

参考文献

［1］王玮．地方财政学（第三版）［M］．北京：北京大学出版社，2019．

［2］杨志宏．财政分权、地方政府行为与经济发展［M］．北京：经济管理出版社，2017．

税收学专业加强三方联合培养
应用型人才的实践与探索

刘 颖*

摘 要 浙江财经大学东方学院是第一批浙江省应用型建设试点示范院校，一直坚持"以人为本、德才兼备、产教融合、开放协同"的办学理念。税收学专业是东方学院院级特色专业，也是具有公共部门背景的财经院校传统优势专业。本文以浙江财经大学东方学院税收学专业人才培养目标以及毕业要求为研究出发点，着重从"政产学研"合作教育、联合培养的角度，围绕应用型专业核心课程、实践实训课程、实践应用环节、应用型师资队伍、校外实践基地、社会服务等方面的改革建设情况进行探讨，并在改革实践和改革成效基础上做总结分析，提出进一步的研究方向和思考。

关键词 税收学专业；三方联合；政产学研；应用型；实践教学

一、研究背景及意义

党的十九大提出要"加快一流大学和一流学科建设，实现高等教育内涵式发展"，全国教育大会要求高校"着重培养创新型、复合型、应用型人才"。随着高等教育进入以结构调整、质量提升为核心的内涵式发展阶段，应用型本科教育应运而生。应用型本科教育是面向区域经济社会，以学科为依托，以应用型专业教育为基础，以社会人才需求为导向，培养高

基金项目：本文为浙江财经大学东方学院 2016 年重点高等教育教学改革项目（课题编号：2016JK06）——"税收学专业加强三方联合培养应用型人才的实践与探索"的研究成果。

* 作者简介：刘颖，浙江财经大学东方学院财税学院副教授。

层次应用型人才，以培养知识、能力和素质全面而协调发展，面向建设、管理、服务一线的高级应用型人才为目标定位的高等教育。作为浙江省应用型建设试点示范院校，浙江财经大学东方学院一直重视学生实践应用能力的培养，坚持"以人为本、德才兼备、产教融合、开放协同"的办学理念，树立"高素质、重应用、强能力"的人才培养理念，着力培养高素质应用技术型人才。

（一）专业建设发展基本情况

推进应用型高校建设是提升高等教育教学质量、培养应用型人才的重要举措。浙江财经大学税收学专业是东方学院办学较早的特色专业，是财经院校的传统优势专业。近年来，作为具有公共部门背景的税收学专业，面临从主要为政府部门培养人才到主要为企事业单位和社会中介机构培养输送人才的转型发展，人才培养模式亟须进行应用型建设以适应社会发展的形势和需求。基于以上现状，目前浙江财经大学税收学专业人才培养目标为：能在财政、税务等政府部门以及税务师事务所、会计师事务所等社会中介和大中型企业从事财政税务管理的复合型、应用型高级专门人才。

东方学院税收学专业目前有 9 名教师，多数教师为硕士研究生及以上学历，高级职称和双师双能型师资占比均为 45%，年龄、职称、学缘结构基本合理，能够正常开展专业课程教学工作。在学院应用型建设的大背景下，税收学专业全体教师对专业课课程建设、课堂教学改革的各种有益尝试正在探索之中，部分课程改革研究已经取得阶段性成果，助力税收学专业应用型人才的培养。

（二）税收学专业应用型教学建设中面临的问题

（1）专业师资队伍难以满足实践教学需要。税收学专业应用型建设面临的迫切问题之一是师资不足，尤其缺乏双师双能型师资，随着对实践教学体系建设要求的提高，现有教学团队较难在实践教学方面有更好的突破，并且教学团队整体呈年轻化，新进教师以刚毕业的硕士为主，缺乏实际教学和工作经验，在加强应用型教学建设中需要借助外部行业专家力量增强实践教学效果。

（2）税收学特色专业培养环节中受制于原培养方案的设计思路和逻

辑，理论教学占比较高，部分课程安排存在教学内容重复、专业实训实践课时内容设计不够饱满等问题。虽然这种状况在 2017 级及以后的教学培养方案中已经进行了修改完善，但是后续如何落实并实施有效的专业实训实践课时安排还需要进行不断的论证和探索。

（3）实践环节的内容设计尚不成熟，缺乏一定的制度规范。加强专业的应用型建设，实践教学得到较大重视，但在具体落实到培养方案实施中，实践教学环节的设计仍然需要进行分析论证，对实践教学环节的考核和质量评价体系还不完善，专业教师推进实践教学的积极性需要结合教学和科研工作做进一步调动。

（4）为地方经济社会发展服务的能力还需进一步提高。税收学专业的政府公共部门背景特征比较明显，作为第一所外迁出杭州市的独立学院，东方学院一开始就提出了与所在县域进行紧密校地合作的战略思想，但是受目前的师资力量和教学模式的限制，校地协作、学生实践、教师科研、社会服务等全方位的服务地方应用体系还没有得以构建。

二、加强三方联合培养应用型人才的研究基础与实施方案

高等教育的飞速发展对教育提出了差异化需求，专业教育应该依据应用型本科高校建设转型发展，牢固树立"高素质、重应用、强能力"的人才培养理念。本文认为，厘清税收学专业应用型建设的研究思路，首先要明确专业人才培养的目标，对培养目标进行任务分解进而设计相应"政府（学会）＋行业企业＋学校"多方合作教育的改革路径和措施。

（一）专业培养目标与毕业要求

在学院应用型建设的大背景下，要求财税专业以社会需求为导向，按照就业需求，从实践性、应用性、服务性视角，重构课程体系，优化课程内容。按照相关专业的知识、素养和能力需求，梳理知识体系，强调理论与实践结合、突出实践能力培养、激发思考和面向应用，逐步形成面向政府公共服务及财政税收管理服务领域应用型人才培养的培养体系。

税收学专业的培养目标是培养能在财政、税务等机关事业单位及银

行、证券、会计师事务所及企业从事相关工作的，具有广博理论基础、扎实专业功底、卓越分析能力的创新型、应用型、复合型高素质人才。由上述培养目标分解出以下税收学应用型本科专业的毕业要求：

（1）能运用税收学的基本理论和方法对财税专业领域的现象和问题进行分析和判断，提出相应的解决思路。

（2）掌握财税与会计的实务操作技能与应用能力，具备适应实际工作岗位的基本技能与水平。

（3）能对财税政策、会计准则及税法等法规进行综合运用，设计切实可行的解决实际问题的对策与方案。

（4）能熟练运用现代经济学的分析方法和工具对本专业领域的数据信息进行统计处理与计量分析。

（5）了解本学科的理论前沿和发展动态，具有创新思维，有初步的科研创作能力。

（6）能够就财税问题与业界同行及社会公众进行有效沟通与交流，包括撰写报告、提供建议、设计方案，能清晰表达相关观点，并具备一定的国际视野，能够在跨文化背景下进行沟通交流。

（7）能够在多学科背景下的团队中扮演团队成员以及负责人的角色。

（8）能够掌握政府财税管理与企业财务管理的原理与决策方法，并能够在多学科环境中运用。

（9）具有自主学习和终生学习的意识，有不断学习与适应发展的能力。

（10）具有经世济民的社会责任感，敬业精神强，遵守职业道德和职业规范。

从表1可以看出，税收学专业学生培养目标在"政产学研"多方合作教育模式下能够达成较高的相关度，这也是本文研究的意义所在。

表1　研究目标与上述毕业要求的对应矩阵

毕业要求	毕业要求（1）	毕业要求（2）	毕业要求（3）	毕业要求（4）	毕业要求（5）	毕业要求（6）	毕业要求（7）	毕业要求（8）	毕业要求（9）	毕业要求（10）
课题研究目标	M	H	H	L	H	H	L	H	M	H

注：H 代表相关度高，M 代表相关度中等，L 代表相关度低。

（二）加强三方联合培养的实施方案和内容

结合课程思政建设，提高实践育人能力。结合专业特色，紧紧围绕立德树人的根本任务，帮助和引导学生在实习实践活动中准确把握国情、了解社会发展现状，把爱国、法治、诚信等价值观教育融入实践教学各个环节。

推进实践教育基地签约，建立实践基地深度参与的人才培养模式。推进实践教学条件建设，形成稳定的双向交流机制，基地师资深度参与专业人才培养目标和方案的修订，引入校外导师参与新生始业教育，加快改革实践教学内容与模式。

加强与嘉兴、海宁地方财税部门的校地合作，尤其是学院级大学生校外实践教育基地建设。推进学生专业实践、毕业论文选题、城乡调查、暑期社会实践等主题能够紧密围绕海宁当地财税实践展开，专业毕业（设计）论文选题70%以上来自实践部门。

形成稳定的实践教学师资队伍，推进双师双能型师资队伍建设。先后在2018年和2019年分两批选聘实习基地业务骨干担任校外导师，颁发聘书，充实实践导师队伍，促进基地业务骨干高度参与应用型专业和课程建设。

推进质量评估制度，监控实践教学质量。加强对实践教学过程的控制，进行综合质量评定。期间开展常规工作包括校外导师参与专业毕业论文开题，部分学生由实践导师带领开展专业综合实训中的专业综合案例调研和分析，并实际推进毕业生实习工作。

探讨实践教学规律，进行总结交流工作。邀请合作单位负责人员、校外导师与专业教师进行交流总结，提炼基地建设的经验，查找前期建设中存在的不足，探讨进一步改革的途径和方法。这块工作因疫情受到了影响，部分负责人采用线上的方式进行沟通交流。

承担共建单位的培训项目、承接共建单位的科研任务，联合举办海宁公共经济与公共管理论坛每年一次。

三、加强三方联合培养应用型人才的
改革措施与实践成果

通过各项教学改革探索，税收学专业加强三方联合培养应用型人才的建设已经取得了一定的预期效果，主要体现在以下几个方面。

（一）税收学专业"政产学研"合作教育的理念与模式研究

借助政府财税部门以及税务师事务所、大型企业专家委员的多方力量，加强税收学专业"学校＋政府＋行业企业"多方联合培养应用型人才的建设，将实习实践、师资共享、社会服务、科学研究等方面的"走出去"和"引进来"密切结合，探索创新"政产学研"合作教育模式。把学校的应用型人才培养与科学研究、社会服务以及推动地方社会发展作为目标，实现地方性学校创建与当地社会经济的共同发展有机结合，并将合作教育的理念明确为：突出特色、多方合作、高效务实、服务社会。

（1）合作理念的体现和落实。在推进方面，秉承"突出特色、多方合作、高效务实、服务社会"的合作教育理念。在合作方的选择上，以税收学的公共经济部门背景为主，主动联系浙江省内各地的财政局、税务局等政府部门，并重点以嘉兴市、海宁市财税部门为实践基地拓展相应的专业建设；同时，为凸显专业特色，结合专业方向的设置、专业课程的调整等，积极向税务师事务所等中介行业企业开拓合作；在科研方面，主要通过与嘉兴市税务学会、海宁市财政学会等部门的合作，以课题调研、论坛研讨的形式开展合作交流，引导专业教师积极参与地方实务部门所关注的热点研究问题，在此过程中实现理论与实践相结合，解决实务部门所关注的财税改革问题。

（2）合作模式的构建和推进。本课题的多方合作教育机制充分发挥政府部门、行业企业、科研单位和高等院校的优势特色，形成合作共赢的发展模式，构建"政产学研"合作模式，如图 1 所示。

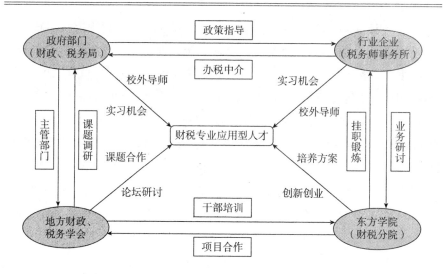

图1 "政产学研"合作模式

（二）课题研究中推进的具体工作

（1）不断完善专业核心课程实践学分设置。对应前述毕业要求（1）和（2），从学校专业课程设置要有利于多方合作培养教育的角度，在培养方案中继续整合原有课程，进一步探索专业实践课程的应用型设置。围绕2018年、2019年培养方案修订，对核心课程进行整合，凝练专业教学和实践教学内容，理顺专业教学内容的逻辑关系，优化选修课程设置，突出核心课程实践学分设置。在"中国税制""税务会计与筹划""税务管理""税务稽查"等课程中适当安排实践教学内容，注重引入实务案例，丰富教学内容与形式。上述专业核心课程中多数有一定实践学分的设置，并在实训实践教学软件的购置上做了大量前期工作，税收学的电子报税和税务会计应用于财税管理实务课程中、纳税评估教学软件应用于税务管理实训等，2017级及以后涉及的出口退税软件也在购置洽谈阶段。现阶段核心课程群已基本完成第一梯次课程群的建设，尤其是在建设过程中重点关注实践学分的设置与完善，第二梯次的课程群即专业课程支撑体系建设计划在两年内完成。

（2）丰富专业实践课程内容和形式。对应前述毕业要求（3）和（5），应用型建设的发力点在实践教学，对2017级专业培养方案调整后，税收学专业校外实践的内容明显增加。从与政府财税部门合作教育的角度，2018 年暑假与 2019 年寒暑假期间，东方学院充分利用财税实践教学基地与省内各地财政、税务部门的共建资源，安排学生到生源所在地的财税部门以及企业进行专业实践（阶段实习）和毕业实习，据统计，2015级、2016 级财税专业学生到财税部门以及税务师事务所等单位实践的专业对口率达到 90%以上。通过提高实践导师对教学的参与度，增加学生实践基地实训内容的比重，丰富活动的形式，以共建专业实训课程及专业实践环节为突破口，鼓励基地实践导师带领学生参与企业专题调研，参与课题项目的资料整理、课题论证等工作，推进学生到实习基地开展专业实践的常态化，进一步细化基地的管理，实现资源共享、互利共赢，统筹布局实践点，兼顾安全便利。充分利用 2018 年 4 月税收宣传月活动、导税员在长安税务局开展志愿导税活动、财税专业教师积极参与 2018 年和 2019年嘉兴市税务学会、海宁财政学会调研课题等多种形式与政府财税部门实现优势互补，整合现有资源做实专业实践环节教学。

（3）不断推进综合实训课程，加强校地合作。对应前述毕业要求（6）、（8）和（10），从与行业合作教育的角度，积极加强与行业企业、税务师事务所联合培养财税应用型人才，进一步探索专业综合实训课程的应用型设置。随着社会的发展和自然人纳税人数量的增多，税务中介机构的咨询、培训、代理申报等业务量将会增加，对相关专业人才的需求也会逐步提高，从涉税服务行业部门的角度，2018 年东方学院与省注册税务师协会进行联系沟通，积极组织分院学生参加全国办税技能大赛等活动，寻求扩大与省内税务师事务所的合作，2018～2019 年新增海宁、杭州等地三家税务师事务所和财税咨询有限公司为实习基地；聘请多家税务师事务所、财税咨询有限公司、律师事务所的税务师、注册会计师、高级经济师等专业人士，深度介入学校税收学专业人才培养方案设计、课程调整、课程教学、职业生涯规划等多方面的专业建设工作中来，并选派学生去事务所实习实践，已有学生与实践单位签约就业。

（4）不断加强双师双能型师资队伍建设。对应前述毕业要求（5）、（6）和（8），从强化课堂教学和实践教学的角度，初步建设了一支由校内外师资联合组成的高素质双师双能型教师队伍。充分利用政府财税部门和税务师事务所等行业部门校外导师资源，以多种方式如课堂教学、讲座、沙龙、培训等引进校外导师进课堂，聘请校外导师承担部分复杂高深业务课程的教学与讲座，真正把案例教学、实验教学落到实处。在前期与实习基地合作的基础上，从 2018 年起分批聘请以实习基地单位业务骨干为主的校外导师 15 人，同时以双导师制形式带领学生走进校外实习基地，以"请进来、走出去"的方式延伸课堂教学，邀请资深税务专家进行课程的教学与讲座，真正把案例教学、实验教学落到实处，让本专业学生接受来自实践一线的知识洗礼，并安排专业年轻教师在承担教学任务的同时到税务师事务所挂职锻炼，加强实践技能学习。

（5）持续推进学院级校外实践教育基地建设。对应前述毕业要求（3）、（6）和（8），财税专业现有实习基地 20 余个，其中有 10 余个财税部门（含下属税务局、税务分局、税务所）和 5 个税务师事务所（含分所、办事处），陆续组织开展志愿导税、专业实践、毕业实习、税收宣传、课题研究、海宁论坛、党建共建等各种形式的校地共建活动，共建融合度高，效果明显，惠及面广。特别是东方学院所在地长安镇的长安税务分局对财税分院实践教学提供了较好的条件，极大地提高了实践教学的效果。2018 年浙江财经大学东方学院海宁市税务局大学生校外实践教育基地获批院级大学生校外实践基地；2018 年和 2019 年的 4 月税法宣传月活动均是为校地联合谋划方案而具体实施的；2019 年 5 月浙江财经大学东方学院获评海宁市"涉税志愿服务先进团队"，以表彰财税分院师生在志愿导税、税收宣传方面做出的积极贡献；2019 年 9 月嘉兴税务公众号文章"文化丰盈古镇　税收惠满潮城"为税校互动再做宣传。

（6）"1＋X"智能财税证书制度试点工作顺利开展。对应前述毕业要求（3）和（9），以 2019 年 10 月开始推进的"1＋X"智能财税证书制度试点为契机，与承办单位中联公司合作推进证书培训和考试工作，提高学生专业素养与实践动手能力。该项目由教育部推出，得到浙江省教育厅、财政部门和相关行业培训组织的极大重视。《国家职业教育改革实施方案》提出，在职业院校、应用型本科高校启动"学历证书＋若干职业技能等级证书"（简称"1＋X"证书）制度试点工作，鼓励学生在获得学历证书的同时，积极取得多类职业技能等级证书。税收学专业在 2019 年 10 月获批教育部第二批"1＋X"智能财税职业技能等级证书制度试点，目前已经完成前期的两轮师资培训工作，2020 年 5 月组织学生进行考试培训和报名考试等工作，6 月 28 日组织税收学专业 104 名学生参加初级证书的考试工作。税收学专业以此为契机，做好职业技能等级证书培训内容和专业教学内容的"书证融通"工作，加快满足应用型教学、培训需要的教学资源建设，修改补充专业培养方案中的相关模块、课程设置。考虑如何通过弹性、灵活的教学方式来满足在校学生和其他社会考生的需求，加强与培训评价企业单位的密切联系，采取教学、实训相融合的教学方式。

四、进一步加强联合培养应用型人才的探索方向

本文在取得上述阶段性成果的基础上，为进一步加强税收学专业的三方联合培养，还需要从以下两方面继续研究和探索：

（一）在产教融合大背景下，加强校外实践教学基地规范化制度设计以及有效利用机制

建立校外实践基地要有制度性规范，探索建立校外实践基地制度化，使实践教学规范化。在本科四年的实践教学过程中，要积极发挥多方合作的教育机制作用，在每一个环节中，争取让学生得到政府财税管理部门和涉税服务行业企业校外实践老师的共同指导，条件成熟时全面推行双导师制，由校内外导师联合指导学生进行每个年级的实习，做实专业实践内容，在实践教育中寻找和发现科研兴趣和主题，引导学生积极参与学院的各项科研项目和大学生创新创业项目。从学校自身地理位置入手，积极利用海宁市财税系统优势资源，争创省级大学生财税专业的校外实践基地，服务学院应用型人才培养目标。

（二）在政产学研合作教育模式下，增强财税专业为地方经济社会服务能力

借助实践基地的规范化运作，推动专业教师与部门行业骨干之间的业务交流，如通过组织与政府部门和税务师事务所的财税沙龙等活动来共同研讨解决一些实际业务问题；与税务部门和学会组织多方合作联合开展课题项目研究、组织论坛来互补各自研究的理论性或实践性不足的问题，提高各方税收科研课题研究的质量；为财税部门及税务师行业的职业培训提供师资和场地等培训服务；税收学专业教师和学生走出校门，参与当地每年的税法宣传月活动；财税专业教师联合税务部门为海宁市中小企业进行专项税务咨询服务；积极组织专业师生参与每年省税务师协会推出的全国税法知识竞赛和办税技能比赛等活动。

五、结束语

本文从税收学专业人才培养目标以及毕业要求与项目研究内容的关系出发,希望借助政府财税部门(学会组织)、税务师事务所、企业等专家委员、校外导师的多方力量,加强税收学专业"政府(学会)+行业企业+学校"多方联合培养应用型人才的建设,将实习实践、师资共享、社会服务、科学研究等方面的"走出去"和"引进来"密切结合,提升应用型建设中的多方合作教育水平,推进财税专业应用型人才培养目标的实现。建构政产学研合作教育模式的研究意义不仅在于培养税收学专业应用型人才,推动财税专业应用型建设发展,也希望为其他具有公共部门背景专业的应用型建设提供一定的借鉴和启示。

参考文献

[1] 黎友焕,钟季良. 国内外政产学研协同创新生态系统研究评述——内涵、运行机制与绩效 [J]. 经济研究导刊, 2020 (2).

[2] 李盛辉,孟迎军. 独立学院创新应用型人才培养模式下产教融合教学团队建设研究 [J]. 教育现代化, 2019 (88).

[3] 杨刚要. 应用型本科高校产教融合协同发展模式研究 [J]. 职业教育研究, 2020 (3).

财政学专业应用型人才培养的实现路径研究

——以浙江财经大学东方学院为例

李媛媛[*]

摘　要　专业应用型人才的培养换句话说就是提升专业学生的应用能力，然而应用能力的培养不仅要让应用能力具有可测量性，也需要兼顾学校的定位和专业自身的特点，本文探讨了浙江财经大学东方学院财政学专业建设的现实基础，应用支架式教学理论勾勒了专业人才培养目标的实现路径，绘制了财政学专业课程和实践教学的应用能力发展图谱，并对人才培养的内外环境创设提出了具体要求。

关键词　财政学；人才培养；支架式教学；参与式学习

　　财政学专业是浙江财经大学东方学院的传统优势专业，近年来，东方学院愈加清晰地坚持以需求为导向，以培养政府公共服务及财政管理领域的高素质应用型人才为目标，坚持探索利用学校所在地的资源优势，提升学生专业实践能力。依托于东方学院培养高技术应用型人才的定位，财政学专业教师一直致力于建设公共服务及财政管理领域的实践性、应用性、服务性人才培养体系。本文研究的主要内容是浙江财经大学自 2017 年实施新的财政学专业人才培养方案以来，财政学专业在应用型人才培养模式上的推进思路及相关实践论证。

---

　　* 作者简介：李媛媛，浙江财经大学东方学院讲师。

一、财政学专业应用型人才培养目标的实现逻辑

(一) 财政学专业人才培养目标的确立

一个专业的人才培养目标确立的前提有两点:其一,学校的定位;其二,专业自身的特性。专业人才培养目标必须在上述前提下,结合专业办学的经验、师资特长和资源优势来制定。

财政学专业是浙江财经大学东方学院 1999 年成立时第一批设置的专业之一,已有 20 多年的专业建设历史,在完成了院级特色专业建设后又于 2017 年申报成功浙江省“十三五”特色专业,积累了较多的建设经验。在全国 14 所开设财政学专业的独立院校中,当属较早,长期的办学经历不仅积累了办学经验,同时也积累了很多的校友资源。东方学院的财政学专业脱胎于母体浙江财经大学,承袭了母体的财政学专业优势(2008 年获评国家特色专业,2012 年、2016 年获评浙江省优势专业),得益于此,一方面可以让浙江财经大学的财政学专业在建设过程中共享诸如师资、校友等资源,另一方面则是给东方学院在专业建设的合理定位上提供了一定的参照,避免了完全照搬母体同类专业的培养目标,而是采取错位发展,以“重实践、重应用、重服务”的能力培养为自己的特色。

自浙江财经大学建校以来财政学专业一直是学校的主干专业,基于学校的应用型建设背景和专业自身优势,财政学专业持续推进专业内涵建设,在专业人才培养上既重视专业素质的培养又兼顾拓展公共部门视野,初步形成“重实践、重调查研究、重应用”的培养模式,将人才培养目标定位为:培养具备扎实的学科理论知识和业务技能,又具有公共部门视野,能够在财政、税务及其他经济管理部门等企事业单位从事管理工作的高素质应用型人才。

(二) 专业应用型人才培养的实现路径

1. 支架式教学理论

支架式教学基于维果茨基的“最近发展区”理论而建,该理论认为教

育者可以搭建"支架"帮助学生从已有的水平攀登到潜在水平，从应用角度来看，即教师在教学时提供一种有利于学生有效理解知识的"支架"，借助于"支架"使学生不断提升能力。

支架式教学已经成为教师专业发展中一个重要的教学技能。支架式教学最早由美国心理学家和教育学家布鲁纳用建筑业中的"脚手架"来隐喻在教育活动中，教育者应为学习者对知识的理解提供一种支架。曾智、丁家永（2002）认为，支架式教学以建构主义理论为基础，其最重要、最直接的来源是维果茨基的社会互动理论及最近发展区概念，支架式教学的核心内涵就是"最近发展区"思想，它强调以最近发展区作为教师介入学习者学习的时空，教师以学生已有的水平为基础，以学生可能达到的发展水平为目标，在两个水平之间搭建支架，帮助学生顺利攀登到潜在水平。

因为"最近发展区"理论是支架式教学最直接的理论基础，所以支架式教学可以理解为最近发展区内的教与学。学生有两个发展水平，一个是现有水平，另一个是潜在水平，这两个阶段之间的差距就是"最近发展区"，维果茨基（2005）在《社会中的心智》一书中提出了这一理论，并强调教学在学生发展中的主导性和决定性作用，揭示了教学的本质不在于训练、强化已形成的内部心理机能，而在于激发形成目前还不存在的心理机能。只有走在发展前面的教学才是好的教学。何克抗（1997）提出支架式教学有五步操作程序：创设教学情境、搭建脚手架、独立探究、合作探究、效果评价。支架式教学有三个特色：最近发展区内的教学、有效的师生合作与互动和动态、渐撤的教学支架（盛艳、张伟平，2012）。

自 2007 年起，支架式教学在教学改革中始终被作为一个显眼的研究方向，目前关于支架式教学的研究多集中在具体的课程改革应用上，另有一些基于教育心理学理论层面的探讨。应用者多把支架式教学看作教学策略、教学模式或教学方式。郭晓霞（2007）认为支架式教学应被看作一种具体的教学策略，支架就是为教师提供思想和在思想启发下进行的教学。吴和贵（2007）将支架定义为一种教学方式，学生在搭建房屋，教师扎脚手架，为学生的知识建构提供一种方法式的帮助。刘晓慧（2010）将支架式教学作为一种教学模式进行研究，按支架式教学的五个环节进行模式教学。

理论的不息生命力在于被不断地应用、诠释和拓展。20 世纪 30 年代维果茨基提出的"最近发展区"是指"儿童独立解决问题的实际发展水平与在成人指导下或在有能力的同伴合作中解决问题的潜在发展水平之间的差距"，可见理论最早是聚焦于儿童教育的，所以自1976年布鲁纳提出基于最近发展区理论的支架式教学以来，常见的支架式教学研究多应用于幼儿园教育、中小学课程改革等，随着后来研究者的实践，发现支架式教学也可应用于成人教育，近年来，有一线教师在高职教育和大学教育中尝试应用支架式教学作为教学策略或模式，但应用支架式教学理论于专业建设的研究尚不多见，目前并无相关的研究成果，本文将尝试拓宽支架式教学理论的应用范围，探索培养专业应用型人才的推进路径。

2. 支架式教学对专业人才培养模式的推进路径

如图1所示，高等教育应用型建设的目标是培养专业应用型人才，从操作性上来看，应用型人才的培养需要着力在应用型课程体系的建设上，应用型课程体系除了着力在课程的选择、课程间的关系外，最终仍需着力在各门课程的建设上，专业应用型人才的培养最终需要在各类课程、各个教学环节中得到展现。

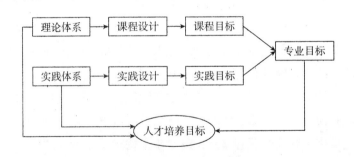

图1 人才培养目标的实现路径

探索专业应用型人才培养的有效路径，首先需要厘清专业人才培养和支架式教学最后落地的层层关系，具体如下：

（1）专业应用型人才培养与课程体系建设。在应用型本科建设的大前提下，财政学专业应用型人才培养的目标仍需不断聚焦，需着力在如何将知识目标转化为能力目标上。再根据专业应用型人才培养目标的要求构建整体规划清晰、层次递进、功能模块化的专业培养课程体系，专业课程体系建设是实现专业人才培养目标的基础。

（2）专业课程体系建设与专业实践体系建设。课程体系是个广义的概念，其中应包含一个逻辑严密的专业实践体系，专业实践体系的建设是实现专业应用型人才培养目标的关键。这一实践体系同样具备整体规划清晰、层次递进、功能模块化的特点，在操作层面上可以包含两部分内容：课程实践和实践应用，其中课程实践为专业课程内包含的实践内容，实践应用即体现专业应用能力的纯实践课程。

（3）专业实践体系建设与支架式教学。专业实践体系的总目标是为了提升学生的应用能力，而应用能力如何分解，如何设置阶段性的能力目标为学生在一个阶段（如一个学年）的潜在发展区，最后教师根据潜在发展区对最近发展区做出判断，从而搭建"支架"，以上是在设计支架式教学实践方案之前需要考虑的重要问题。

（4）落实支架式教学的实践方案。联合全系教师的力量，设置学生历经整个专业实践体系培养的潜在发展区，之后分解成每一学年的潜在发展区，并根据学年潜在发展区判断最近发展区，最终落实到课程实践和实践应用的"教学支架"上来。

二、财政学专业应用型人才培养模式的实践基础

财政学专业办学定位于应用型专业人才的培养。在专业人才培养目标上立意培养既具备财政和其他相关公共部门领域的基本知识，了解政府职能和财政运行规律，同时又具有较强的实践能力的高素质应用型人才。落实人才培养模式的第一步是梳理课程体系，财政学专业根据人才培养的目标，首先重构了财政学课程体系；第二步是构建了专业实践体系。遵循学院应用型发展的思路及专业特点，本文构建了纵向梯度递进的专业实践体系。

（一）理论体系重构

1. 财政学与财政的关系

财政的核心含义是政府的收支活动。围绕政府的收支活动，财政学科研究的基本问题有：政府为什么要有收入？怎么征收更公平、有效？政府要进行哪些支出？怎么支出更公平、有效？庞大的收支如何管理？如何制定利于经济、社会、民生等发展的财政政策？基于上述问题，本文根据财政学的专业属性和课程之间的逻辑关系，梳理了专业核心课程体系。

2. 理论体系的逻辑

如图 2 所示，本文将财政学理论知识体系分解成 2 个梯次的五大课程群。第一梯次课程群为核心课程群，包含：财政学、中国税制、公共支出学、政府预算四门专业核心课程。第二梯次分别为：理论类课程群、收入类课程群、支出类课程群、管理类课程群。每个课程群又包含 2~3 门课程。财政学专业根据课程群的知识结构确定了财政学、中国税制、公共支出学、政府预算、地方财政学、政府会计 6 门课程为专业核心课程，每一门专业核心课程都由一个主讲教师负责建设，除理论知识的更新外，需根据人才培养的目标探索各课程的实践环节，课程目标指向学生专业应用能力的培养。

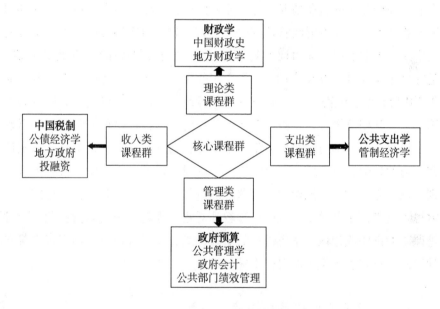

图 2　财政学专业课程群体系

3. 专业课程的设置

高校应用型建设的最终目标是培养专业应用型人才。人才"应用型"与否的关键不在于学生对知识量的获取，而在于知识应用于实践的能力培养。如果将专业人才的应用能力分解，可细分为知识应用能力、实践动手能力、职业岗位能力、创新创业能力（见图 3）。

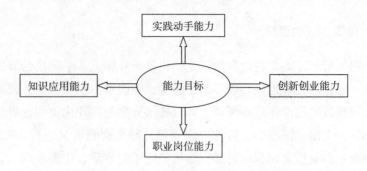

图 3　专业应用型人才能力培养目标

如果将财政学的全部课程分为通识课程和专业课程两大类，"职业岗位能力"便是财政学专业课程首先需要考虑的课程设置标尺。根据财政学专业历届毕业生的就业情况，将专业方向课程划分为三个方向：公共部门财务管理方向、地方财政管理方向、公共行政能力拓展方向，每一个方向集中在一类职业岗位能力训练上。"公共经济与公共管理热点问题研讨班"是综合考虑提升"知识应用能力""实践动手能力""创新创业能力"而于 2017 级培养方案中增设的课程，该课程自第五学期开始，第五、第六、第七三个学期分别开设，由于专业大背景的相似性，财税分院所属的财政学、税收学、劳动与社会保障学三个专业打通开设该课程，由具备一定研究能力的教师各自开班，三个学期主题的设计没有能力分阶，仅有内容区别，三个方向均包含该课程。该课程的具体操作是：由开班教师选定一个财税主题进行主题教学，授课贯穿教师对基础理论知识的讲授、业界导师进课堂的讲座或论坛、学生进行的实地调查、小组合作完成调查报告等多种形式，意在引导学生对财税主题的思考和实践。

（二）专业实践体系的构建

遵循东方学院应用型建设的思路，专业实践体系主要包含课程实践和实践应用。其中"专业教育"中的课程实践和实践应用的具体内容由专业自行安排。基于财政学专业的办学经验和积累，本文构建了"体验调查（实践应用）—案例分析调研（课程实践）—专业实践、实习（实践应用）"三个层次的专业实践教学体系。

第一层次"体验调查"是专业启蒙阶段的实践应用，重在引导和培养学生通过对经济和社会现实问题的关注来加深对公民、国家、政府之间的关系的理解，为财政学专业课程的学习做好准备。如大一学年的百村调查和大二学年的专业综合实训。第一层次的专业实践依托于专业基础课的理论基础。

第二层次"案例分析调研"以专业课程教学中的课堂案例分析和课外调查研究相结合，来搭建专业知识学习和实践能力培养的桥梁。多为课程实践，结合专业特点，目前积累的实践形式有：参观博物馆、课堂讨论、业界导师讲座与访谈、主题调查、主题辩论、软件操作等。第二层次专业实践依托于专业核心课的理论基础。

第三层次"专业实践、实习"则是通过高年级的专题讨论课"财税改革实践热点问题研讨班"（专题直接来自财税部门亟待解决的问题或教师专长的研究主题，由校内教师和校外专业实践导师共同主持）、专业实习基地实践、专业综合实训、阶段实习、毕业实习、直接参与财税部门的专题调研活动等方式来实现。第三层次的专业实践依托于专业方向课的理论基础。

（三） 理论体系与实践体系的关系

如图4所示，财政学"横向相互支撑"的专业课程体系和"纵向梯度递进"的专业实践体系共同构成了实现应用型人才培养模式的课程支撑体系。两者关系紧密，交织成网，不同学年的课程学习与实践应用需要顺势而为，互为支撑。

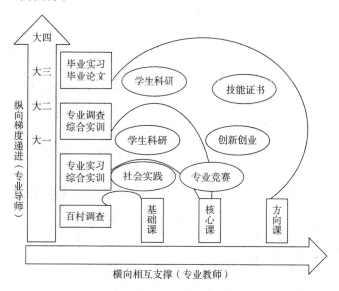

图4　课程体系与实践体系的交织

除了根据学生的专业学习进度设计专业实践外，更需要扎根于学院的沃土，让学生在学院的各项学生活动中发挥专业特长，在不同的学习阶段引导学生参加学院及更高级别的社会实践、学生科研、大学生创新创业等各类活动，把如上的学生活动视为专业实践的另一种形式。

三、推进财政学专业应用型人才培养的"支架"策略

(一) 在专业知识目标向专业能力目标推进时搭建"支架"

支架式教学强调教师在教学中起到的导学和助学的作用，通过"搭建支架"（脚手架）将学习任务分解，以便接近学生的最近发展区（李春艳，2016）①。从一门课程的教学来看，教学目标可以分解为知识目标、能力目标和素质（专业素养）目标。其中知识目标是基础，是学生学习该课程后所能达到的"实际发展水平"，能力目标是在知识目标基础上可以达到的知识应用能力，是"最近发展区"，素质目标即专业修养、学科修养，是用专业知识思考问题的能力，可理解为"潜在发展水平"。其中，知识应用能力不一定就是理解基础知识后就能掌握的能力，这个转化和推进需要教师的导学和助学（见图5）。

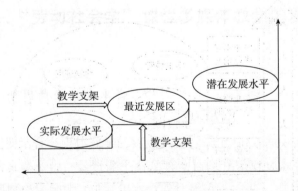

图 5 支架式教学示意图

---

① 李春艳. 支架式教学策略在开放教育中的应用研究——基于建构主义理论 [J]. 成人教育, 2016 (10).

类比课程教学,任何专业学习的目标也都可以分解成专业知识目标、专业能力目标和专业素养目标三个层次。"专业知识目标"是具备一定的专业知识,知道和理解基础理论,熟悉专业的知识背景和应用场景;"专业能力目标"是具备应用专业知识解决问题的分析、决策等能力;"专业素养目标"是具备专业素养,可以从专业视角看待社会经济和日常生活的诸多问题,在日常思考时无须刻意即可随时应用专业知识。

从财政学专业的学习来说,专业实践体系便是教学支架,作用在专业知识目标向专业能力目标的推进阶段(见图6)。

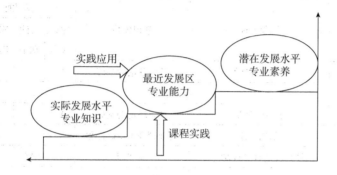

图6 支架式教学在财政学人才培养中的应用

目前,财政学专业已经看到实践作为支架的作用,并开始着手搭建支架,从两个层面研究如何搭建一个稳固的"脚手架"。将专业知识目标、专业能力目标和专业素养目标用于描述一个专业学习的学习路径从理论层面来看是可行的,但从操作层面来看,需要顾及四年学制的现实情况,每个目标仍需要分阶段实现,因此需要对每一年级的学习制定与之相匹配的三阶目标。所以,首先需要梳理大一、大二、大三、大四各年级学生的专业实际发展水平,从而明确各年级的最近发展区,也就是各年级的学生可以具备的专业应用能力;其次按专业课程学习进度了解学生的实际发展水平,研究如何搭建教学支架,即我们可以当作"脚手架"的专业实践应该是什么,并考虑如何完善的问题。

(二)"相互支撑"的专业课程对应的能力发展图谱

1. 第一至第七学期对应的能力发展

用七个学期来划分学习周期的话,财政学专业知识学习的时间进程为：第一阶段学习学科基础课程（第一至第三学期），第二阶段学习专业核心课程（第三至第五学期），第三阶段学习专业方向课程（第四至第七学期），从财政学专业的知识体系来看，第一阶段对应的是财政学的基础理论课程，第二阶段对应的是财政收入、财政支出课程，第三阶段对应的是财政资金管理类课程（见表1）。

表 1　第一至第七学期的专业课程设置与能力发展简表

课程性质	课程名称	知识体系	应用能力			
			知识应用	实践动手	职业岗位	创新创业
第一学期						
学科基础	微观经济学	基础理论的基础	√			
第二学期						
学科基础	宏观经济学	基础理论的基础	√			
学科基础	基础会计	资金管理类基础课程	√		√	
学科基础	社会调查研究与方法	支架课		√		√
第三学期						
学科基础	公共管理学	基础理论	√			
学科基础	金融学	资金管理类基础课程	√			
学科基础	管理学	资金管理类基础课程	√			
学科基础	社会学	基础理论的基础	√			
专业核心	财政学	基础理论类	√	√		√
第四学期						
学科基础	社会保障学	财政支出类基础课程	√			
专业核心	中国税制	财政收入类	√	√	√	
专业核心	政府预算	资金管理类	√	√	√	
专业方向	地方政府投融资	财政收入类	√	√		√
专业选修	公债经济学	财政收入类	√	√		
专业选修	政府管制	财政支出类	√			
专业选修	中国财税史	基础理论类	√			√
第五学期						
专业核心	公共支出学	财政支出类	√	√		√
专业核心	地方财政学	基础理论类	√	√		
专业方向	中级财务会计	资金管理类	√	√	√	
专业方向	税务会计	资金管理类	√	√	√	

续表

课程性质	课程名称	知识体系	应用能力			
			知识应用	实践动手	职业岗位	创新创业
第五学期						
专业方向	税务管理	财政收入类	√	√	√	
专业方向	语言表达与运用	支架课			√	
专业方向	公共管理综合	支架课			√	
专业方向	公共部门人力资源开发与管理	基础理论类	√		√	
专业方向	研讨班（1）	支架课	√	√	√	√
第六学期						
专业核心	政府会计	资金管理类	√	√	√	
专业方向	财政总预算会计	资金管理类	√	√	√	
专业方向	公共部门绩效管理与实务	资金管理类	√	√	√	√
专业方向	社区管理	基础理论类	√	√	√	
专业方向	国际税收	财政收入类	√	√	√	
专业方向	申论	支架课			√	
专业方向	管理定量分析	支架课			√	
专业方向	研讨班（2）	支架课	√	√	√	√
第七学期						
专业方向	研讨班（3）	支架课	√	√	√	√

2. 支架的作用

对于表1，需要解释两个问题：第一，从四类应用能力落实到财政学专业的能力需求来看，知识应用能力不仅指知识可以应用于实践的能力，也包含作为学科基础的课程可以视作高阶课程学习基础的应用。实践动手能力依据专业属性来说，包括收集数据资料的能力和能够进行一个小主题的社会调查能力。职业岗位能力是指获取能够胜任某类有技能要求岗位的基本技能。创新创业能力是指能够进行一个中等主题的有一定深度的专业思考能力。以上四个能力的实现，并不全是一般课程教学内生的能力，需要教师在课程实践上下足功夫，以期助推学生靠近或攀登"最近发展区"。第二，支架课的内涵。支架课在这里意为搭建课程到实践应用的"脚手架"。这类课程不存在于财政学专业学科属性的课程体系中，不属于财政理论、收入、支出和资金管理的任一课程群，但却对推进学生提升专业应用能力起到不可或缺的作用。

（三）"梯度递进"的实践应用对应的能力发展图谱

1. 实践应用课程对应的能力实现力

实践应用类课程的设置意在锻炼学生的专业应用能力，但从应用能力推进的视角，结合已有的办学经验和现有的教学安排，进一步分析财政学专业已经构建的"体验调查（实践应用）—案例分析调研（课程实践）—专业实践、实习（实践应用）"三个层次的专业实践教学体系，不同层次的实践对各类能力的实现程度有明显的区别，具体如表 2 所示。

表 2 实践应用课程的能力驱动

课程性质	课程名称	应用能力			
		知识应用	实践动手	职业岗位	创新创业
必修	百村调查	弱	强	弱	中
选修	学生课题	强	强	弱	强
选修	学生竞赛	强	弱	强	不一定
必修	阶段实习	强	强	强	弱
必修	专业综合实训（1）	强	强	强	中
选修	创新创业项目	强	强	不一定	强
必修	专业调查	强	强	弱	强
必修	专业综合实训（2）	强	强	强	强
必修	毕业实习	强	强	强	不一定
必修	毕业论文	强	强	强	强

表 2 中，百村调查、阶段实习、专业调查分别设置在第一、第二、第三学年，毕业实习和毕业论文安排在第四学年，专业综合实训分别安排在第二学年和第四学年，学生竞赛、学生课题、大学生创新创业项目不属于专业特设课程，是学院甚至更高级别的普适项目，原则上来说，学生每年都可以申报，因为兴趣有别，有些学生会结合专业特点申报选题，有些学生会根据个人兴趣申报选题，所以能够实现的能力提升会有所差别。

2. 支架的作用

从大的专业学习来看，实践应用课程的设置已经不是一般意义上的课程了，其本身就是专业知识目标向能力目标推进的支架，从这个大支架来看，教师仍有搭建小支架的操作空间，譬如搭建推动学生积极选择选修项目的支架，以及搭建助力学生完成成果转化和递进的支架，如鼓励学生将百村调查的选题进一步做成学生课题甚至大学生创新训练项目等。

四、推进财政学专业应用型人才培养的环境创设

（一）创设"以学生为中心"的实践环境

创设"以学生为中心"的实践环境是支架式教学策略能够有效推进财政学专业应用型人才培养的不二法则。支架式教学强调学生在教学支架内的"独立探究与合作探究"，极其看重有效的师生合作与互动，注重生生互动，在学习中需不断凸显和稳固学生的主体性。这不仅有利于学生从"实际发展水平"攀登到"最近发展区"，也有利于学生从一个"最近发展区"攀登到另一个"最近发展区"，专业应用能力不仅得到全面提升，而且得到深度强化。

由此可见，专业学习需要根据不同学习阶段的特征为学生打造与之匹配的最佳实践环境，从操作性上来看，实践环境需包含实践场地和师资力量两部分的考量。

（二）拓展多形式的专业实践场地

就财政学实践体系建设的现状来看，如何在不同的专业实践阶段创设最佳的实践场地是第一步需要解决的问题。但在解决实践场地之前，我们不妨再看看财政学专业可行的实践形式有哪些？从课程实践上看，已经被广泛采用的实践形式有线上学习和讨论、主题演讲、主题辩论、参观博物馆、主题调查、软件操作、业界导师讲座及访谈等；从实践应用上看，常用的实践形式有入户调查、访谈、沙盘演示、实习、其他形

式的社会调查等。显而易见的是，不同的实践形式对实践场地的需求大不相同（见表 3）。

表 3　实践形式的场地要求

实践从属	实践形式	场地建议
课程实践	线上学习和讨论	线上教学平台
课程实践	主题演讲	教室、录播教室
课程实践	主题辩论	翻转课堂教室
课程实践	参观博物馆	博物馆
课程实践	主题调查	调查地
课程实践	软件操作	指定实验室
课程实践	业界导师讲座、访谈	录播教室、会议室等
实践应用	入户调查	调查地
实践应用	访谈、座谈	调查地、实习基地
实践应用	沙盘演示	指定实验室
实践应用	实习	实习基地等

（三）从教师做起的"参与式学习"

1. 参与式学习的内涵

如图 7 所示，参与式学习是尊重学生学习主体性及个性发展的现代教育理念，是一种强调以学生为主体，促使学生能够积极参与学习过程的教学理念。学界自 2000 年以来对此展开诸多研究，多数学者认为该理念由建构主义和经验主义发展而来，建构主义理论倡导在教师指导下，以学生为中心的学习，提倡学习者"从做中学"，经验主义认为经验包含尝试和承受，经验的获取是主体自身的行动、再行动的过程，学生在学习过程中需积极参与，内涵有四点：学习需体现学习者的主体性、学习过程的互动性、教与学主体间的平等性和合作性以及学习方法的启发性（陈昌贵、牛端，2001；查永军，2007）。

时至今日，我国各阶段的教育均或多或少试用或推进参与式学习理念，随着国家基础教育课程改革的逐步实施以及各类国际教育项目的推动，幼儿教育和中小学教育阶段推进的力度更大。大学教育作为一个阶段

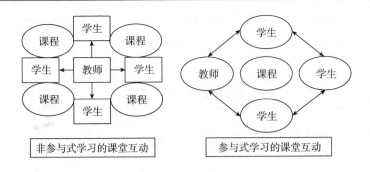

图7 不同理念下课堂互动的简明对比

的教育，其内部差异要远比基础教育复杂，研究型大学和应用型大学的人才培养目标势必存在差异，不同专业间的课程性质、地位和目标也有大的差异，各类课程的考核相互之间不存在可比性以及结果的低反馈性，不同教师对教育理念的认识程度不一，等等。诸多原因导致参与式学习的理念也许逐渐被接纳，但如何被应用仍需长期的观察、思考和总结。

2. 参与式学习意在培养专业应用型人才

参与式学习对实现应用型人才培养目标有什么作用？直观来看，参与式学习是教学理念，应用型人才是教育目标，如前所述，对于一个高等院校而言，实现应用型人才的培养目标主要依赖专业课程体系的构建，具体落实为人才培养方案，要求有宏观或中观的视角。参与式学习更是一种教育的实现路径，需结合具体的教学内容来实践，落实为具体的课程教案和课程设计，是绝对微观的视角。然而人才培养方案每一步落实都靠课程教学来逐渐实现，如此看来，参与式学习与应用型人才培养目标之间其实存在清晰的内在逻辑一致性，每一次参与式学习的实践都指向应用型人才培养目标。就课程学习而言，参与式学习表现为学生在课程学习中的多样态的积极参与，实质是思维的参与，"从做中学"是师生基于自身的社会经验对知识的共建，"学以致用"是应用型人才培养的终极目标。

3. 教师参与式学习的领会是关键

课程教学理所当然在人才培养目标中起着基石作用，以参与式学习的教学理念组织课程教学，无疑是向应用型人才培养目标的稳步迈步。每位任课教师都需从微观的视角，探索一门课程的教学，牢牢把握应用型人才培养的大目标。每一门课程的教学设计都需围绕应用型人才培养的目标，而每一门课程教学中的教师都应深刻领会参与式学习的理念，培养学生的专业应用能力。闭环的课堂设计理念见图8。

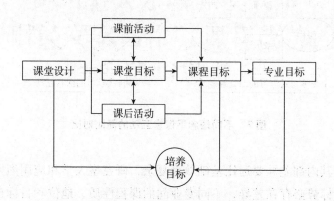

图8　闭环的课堂设计理念

　　财政学专业教师皆身兼课程主讲教师和专业导师二职；课程主讲教师负责一门理论课程的全部教学工作，以教学班为单位与学生互动，专业导师主要是负责学生在实践应用课程上的教学工作，以导师组为单位与学生互动。毋庸置疑，无论人才培养的目标如何清晰、推动策略如何明智，其中最为重要的动因必是教师无疑，因此教师对"参与式学习"的领会将会影响支架搭建的"选址"和"选材"，从而最终影响专业应用型人才培养目标的实现。

参考文献

　　[1]［苏］列夫·维果茨基. 社会中的心智——高级心理过程的发展［M］. 麻彦坤译. 北京：北京师范大学出版社，2018.

　　[2]［美］约翰·杜威. 民主主义与教育［M］. 王承绪译. 北京：人民教育出版社，1990.

　　[3] 何克抗. 建构主义的教学模式、教学方法与教学设计［J］. 北京师范大学学报（社会科学版），1997（9）.

　　[4] 盛艳，张伟平. 新课改视野下的支架式教学：师生角色调适问题探讨［J］. 教学与管理，2012（8）.

　　[5] 郭晓霞. 形成性评价在我国教学评价中的应用现状［J］. 护理研究，2007（11）.

　　[6] 吴和贵，朱维宗，陈静安. 新课标下的数学课堂教学过程的优化［J］. 数学通报，2007（3）.

　　[7] 刘晓慧. 支架式教学模式在语文教学中的应用［J］. 文学教育，2010（9）.

[8] 李春艳. 支架式教学策略在开放教育中的应用研究——基于建构主义理论[J]. 成人教育, 2016 (10).

[9] 丁家永. 维果茨基教学与发展思想述评 [J]. 外国教育研究, 2002 (11).

[10] 刘婷. 基于应用型人才培养的经济类课程参与式教学探讨 [J]. 高教论坛, 2014 (3).

[11] 陈昌贵, 牛端. 论大学生参与式学习 [J]. 高教探索, 2001 (4).

[12] 查永军. 参与式学习——解读杜威的《民主主义与教育》[J]. 湖南师范大学教育科学学报, 2007 (5).

[13] 陈向明. 如何在参与式学习中使用直观手段 [J]. 开放教育研究, 2003 (3).

基于产学协同的"地方政府投融资"教学实践研究

刘央央[*]

摘　要　以学校与学院的办学理念为依据,"地方政府投融资"课程进行了产学协同教学实践,主要从产学协同的必要性分析、基础、内容设计、实施路径等方面进行总结,提出产学协同过程中存在部分知识效用化程度不高与政、产、学协同水平有待进一步提升两方面问题,并提出了有效的解决措施。

关键词　产学协同;投融资;教学;实践

一、课程简介

浙江财经大学东方学院的办学理念为建设高水平的应用技术型本科院校。财税学院作为东方学院的二级学院,坚持以需求为导向,以培养符合社会需求的管理领域高素质应用型人才为目标,改革专业课程,创新课堂教学模式。"地方政府投融资"作为财政学专业的专业核心课程,课程的内容设计、课堂教学模式的创新正是基于上述理念而形成的。

"地方政府投融资"课程主要内容为,地方政府在财政收入紧缩背景下为提供公共服务所采取的投融资措施,主要投融资方式为政府和社会资本合作(简称PPP);在财政学专业的"以培养政府公共服务及财政管理

基金项目:本文为2020年度浙江财经大学东方学院课堂教学改革项目"应用与实践的课堂改革、创新"(项目编号:2020JK08)、2020年度浙江财经大学东方学院第一批院级产学协同育人项目"地方政府投融资产学协同教学模式构建"。

*　作者简介:刘央央(1982—),女,浙江省温州人,浙江财经大学东方学院讲师,研究方向为社会保障理论与政策。

领域的高素质应用型人才"培养目标指导下，本课程的培养目标是学生能够撰写符合行业要求的 PPP 项目实施方案。课程共为 32 个学时（理论 16 个和实践 16 个），在财政学专业第四个学期开课，目前已经完成两轮教学，每轮约有 100 名学生选课。

二、产学协同的教学实践

产学协同（University – Industry）是指基于共同战略愿景下多元目标框架体系，大学和产业（企业）这两类主体为实现战略总目标，联合对组织内部、组织间以及与组织外部的资源要素的生产函数进行动态优化的过程①，它是一种跨组织合作的过程（Williams，2005），这种跨组织合作的目的在于促进跨组织的知识交流和效用化知识生产。产学协同类型依据大学与企业之间的合作内容分为关联型、移动型和转移型三种类型，关联型主要合作内容为研发，双方是研发的合作伙伴关系，移动型则体现为学术创业、人力资源交流的合作，转移型的产学关系则是为了实现直接技术商业化目的而建立的交易关系。本课程采用的产学协同方式则更趋近于移动型，即企业的案例资源、专家资源等智力资源进入课堂，双方利用各自优点在教学、学术等方面展开交流合作，从而弥补当前教学过程的不足，实现跨组织的知识交流。

（一）本课程采用产学协同的必要性分析

目前，政府在投融资方面拥有丰富的实践活动，PPP 涉及的专业技术性较强，但适用于课堂教学的教材并不多见，现有的教材侧重于理论知识与国外经验介绍、政策文本简单解读等，导致"地方政府投融资"课程缺乏符合行业认可和行业发展前沿的教学内容与素材；与此同时，原有教学方法是基于校内师生为主体构建的，主要依靠教师个人知识单向传授，学生被动学习，课堂上对实际环境的构建始终隔着一层"纱"，学生学习缺乏主动性，学习效果达不到行业最新要求。如何基于现行政策文件的要求形成具有可操作的教学模式来实现教学目标，成为"地方政府投融资"课

---

① 李飞，邵怀中，陈劲. 产学协同关系对企业智力资本影响实证研究 [J]. 科学学研究，2017（2）：282 – 288.

程的核心问题。而合作企业具有丰富的技术支持、案例资源，同时利用企业资源进行案例式授课，改变传统的教学方式，对提升教学效果、增强学生动手能力等方面都有较大作用，因此，有必要基于高校与企业的产学协同来构建理论与实践深入结合的"地方政府投融资"教学模式。

（二）产学协同的基础

"地方政府投融资"课程开展产学协同以学校应用型人才培养导向和扎实的专业背景、协同企业的专业素养和本课程的前期积累为基础。

（1）学校持续开展了应用型本科转型，课程所属专业——财政学专业是省级"十三五"特色专业和省级一流专业，在学科建设中明确要构建应用型专业人才培养目标与培养方案，为"地方政府投融资"课程的产学协同建设奠定了理念基础。

（2）协同企业为浙江正大工程管理咨询有限公司，该公司的主营业务包括工程投资咨询、政府采购代理、工程造价咨询、工程招标代理，是财政部、浙江省财政厅 PPP 咨询机构库入库单位，在行业内具有较高声誉与影响，拥有一批注册咨询师、注册会计师、注册土地估价师等专业素质高、职业道德优良的高中级专业技术人员，为本项目的教学内容更新、教学方法的改进、评估体系的创建提供丰富的实践素材与专业的技术支持。

（3）"地方政府投融资"课程的教学注重探索高校与企业的产学协同机制，授课过程中多次针对教学过程中出现的问题双方进行深入交流，不断进行产学之间的磨合。同时，双方存在扎实的协同合作基础，Geisler 和 Rubenstein（1989）认为，产学协同合作有助于企业获得自身所需的科技知识、新创意和新观点，了解技术发展趋势，同时通过合作获得高素质人才和加强员工技能训练，以及提升企业的形象和社会威望。因此，作为企业方，通过本项目的协同教学过程，企业可以反思业务经办过程中存在的问题，改进管理流程、项目方案设计等方面，以促进企业咨询业务的高质量发展，同时，还可以形成 PPP 人才储备资源，企业还可以借助大学的良好社会声誉和威望，获得客户、合作伙伴的信用等关系资源，实现企业的整体良性发展；作为校方来说，通过协同教学过程，可以采用行业内最新的技术、内容来培养高质量的、符合行业需求的专业人才，提升学校、专业的人才培养质量。由此可见，双方的产学协同合作有利于校企双方实现共赢，夯实产学协同机制基础，为产业协同育人机制的可持续发展奠定基础。

(三) 产学协同的教学实践内容

"地方政府投融资"课程的产学协同教学模式在不断的教学实践探索过程中, 形成了教学内容、教学方法与评价反馈三个方面的产学协同内容, 具体如下:

1. 产学协同的教学内容设计

依托专业教学理念与学生先修课程基础分析, 以行业规范为导向, 建立教学内容设计的产学协同机制, 包括教师与企业导师之间的沟通机制、契合行业规范的教学内容设计、适合课堂教学的案例编写、遵循从易到难的学期课程安排等内容。

2. 产学协同的教学方法实施

依据企业方的建议, 设计实践教学评价体系, 采用先易后难的原则安排案例, 学生分小组对不同的案例进行学习, 按照"教师讲授 PPP 基本内容—学生根据案例与规范进行训练—教师依据实践教学评价标准进行讲评—为下一个项目做准备"的流程实施项目教学法, 其中, 教师讲授和讲评环节邀请企业导师参与, 如开设讲座、担任项目汇报评委等。

3. 产学协同的反馈机制构建

反馈机制是促进教学质量提升的保障, 本文构建两方面的反馈机制: 师生反馈机制, 主要是指学生对教学的反馈, 通过每次项目实践作业, 向教师提交心得、体会、意见, 同时召开学情分析的座谈会获取学生对课程教学的建议, 教师进行及时改进; 产学反馈机制, 主要是指教师与企业方的双向反馈过程, 教师将教学过程中碰到的问题反馈给企业方, 企业方对问题进行解答, 同时企业方依据企业经营业务的发展与国家政策变化, 向教师反馈行业最新动态, 从而实现课程教学模式的产学有机协同, 达到行业要求的教学质量与教学效果。

(四) 产学协同教学的实施路径

"地方政府投融资"课程的产学协同实施路径是协同企业、教师、学生三个主体构建教学内容、教学方面与反馈机制：一是企业与教师之间的协同，协同企业提供资源与技术支持，指导教学案例编写、学生实践评价体系构建、产学协同反馈机制的构建；二是师生之间的协同，教师利用学校、专业方面的支持进行实地调研、教学内容编写、组织项目教学方法、改进教学模式等，学生则通过参与式学习、校内外实践、学情反馈等参与学习过程。具体路径如图1所示。

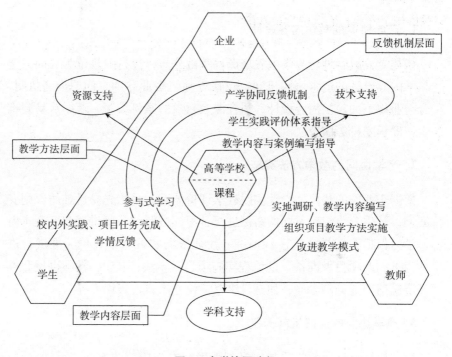

图1　产学协同路径

（五）产学协同取得的成果

"地方政府投融资"课程坚持以"教学内容、教学方法、评估体系"为核心，凝聚校企内外资源，实现"产学"的有机结合，构建有利于应用型人才培养和促进学科发展创新协同的教学模式。而通过课程建设，"地方政府投融资"课程成为理论联系实际、符合行业要求的特色课程。

1. 开发了符合行业要求与专业培养理念的课程内容

在学校与专业培养理念指导下，通过与企业沟通交流，结合企业的案例资源、技术支持与国家政策规定，开发适用于课堂教学的一系列教学资源，包括教学案例、PPP 的技术标准与行业规范等，从而有助于培养学生具备符合行业要求的实践能力，包括 PPP 项目的投入产出测算能力、PPP 项目可行性方案的撰写能力等当前工程咨询行业发展核心业务所需的工作能力。

2. 创新了"地方政府投融资"产学协同的教学方法

"地方政府投融资"课程构建了"实践项目教学法"，该方法最显著的特点是"以项目为主线、教师为引导、学生为主体"，改变了以往"教师讲，学生听"被动的教学模式，创造了学生主动参与、自主协作、探索创新的新型教学模式。

3. 设计了产学有机结合的协同反馈机制

协同反馈机制包含师生之间的学情反馈、产学协同的反馈，通过构建两方面的反馈机制，提升产业协同质量。

三、产学协同过程中存在的主要问题

在产学协同过程中，由于企业保密原则、课时不足、教学资源的限制等因素，目前本课程的产学协同出现如下问题：

（一）部分知识效用化程度不高

所谓效用化知识，是指将所学的知识进行应用，达到效用最大化。"地方政府投融资"课堂教学过程中虽然形成了行业标准的教学内容与评价标准，通过 PPP 方案撰写训练，促使学生理解财政学专业知识中收入与支出之间的关系、财政职能以及财务会计核算等知识，但由于企业保密性原因，合作方所提供的数据真实性不高，甚至教学过程中会刻意减少计算的环节，这些情况导致"地方政府投融资"课程在计算部分的仿真度不高，因此，涉及测算部分的实践教学效果不理想。在 PPP 项目可行性方案制作过程中，测算部分却是最核心的内容，缺少这部分的训练，学生实际掌握的财务测算能力则无法形成，这部分知识的效用化程度相对来说较低。

（二）政、产、学协同水平有待进一步提升

PPP 讨论的根本问题是政府如何利用社会资源有效提供公共产品内容，那么在撰写 PPP 可行性方案时，需涉及对政府这一主体行为方式、行为目的等方面的分析，以及对政策法律知识的深入解读。在本课程产学协同过程中，目前比较侧重于产学之间的合作，由于课时不足、政府资源有限等因素限制，与政府层面的教学协同合作有待进一步开展。

四、未来的改进措施

（一）加大协同育人的合作力度

针对协同过程中的问题，为了提升教学产出效果，未来应加大协同育人的合作力度，共同撰写适用于教学的案例，对涉及保密的财务数据进行合理化处理，解决真实案例应用于课堂的技术问题，从而可以使财务测算教学内容真正走入课堂，在遵循行业规则和不违反保密规则的前提下，保证了课程教学的仿真度扩大化，为财务测算部分知识效用化奠定基础。同时，教师与企业导师之间加强交流，形成畅通的沟通渠道，交流 PPP 理论与实践的争议性问题、疑难问题，探索如何提升促进知识效用化的方法，如设立产学实践岗位，选派优秀学生到企业进行顶岗实习。

（二）加强与政府部门合作，增加相关教学内容

通过学校、学院的校地合作资源，寻找相关职能部门参与课程教学，教师可以先罗列出当前课程中与政府相关的内容，再通过讲座、访谈、课内讨论的方式形成政与学之间的协同教学。未来，双方之间还可以利用相关科研活动，进一步加强双方之间的合作，实现政、产、学高质量协同。

参考文献

[1] Williams, T. Cooperation by Design: Structure and Cooperation in Inter – organi-

zational Networks [J]. Journal of Business Research, 2005, 58 (2): 223 – 231.

[2] Geisler, E., Rubenstein, A. H. University—Industry Relations: A Review of Major Issues [M]. Cooperative Research and Development: The Industry – Universiy – Government Relationship. Springer Netherlands, 1989.

[3] 胡建强, 李伟, 崔建峰. 面向新工科的基于 PBL 的产学协同模式探索 [J]. 教育教学论坛, 2020 (19): 229 – 231.

[4] 陈浩, 董颖. 略论"政产学"协同培养人才的机制和模式 [J]. 高等工程教育研究, 2014 (3): 67 – 71 + 105.

[5] 安江英, 安连锁, 杨凯, 肖万里, 高继周. 产学协同: 全方位培养创新人才的研究与持续实践 [J]. 中国大学教学, 2009 (10): 67 – 69.

"问题+应用导向"研讨式教学方法在"比较社会保障制度"课程中的探索

惠 文[*]

摘 要 传统讲授式的教学方法很难激发学生的学习兴趣，对课程目标的达成度比较低。采用"问题+应用"导向研讨式的教学方法，以社会保障领域的实际问题尤其是以热点问题、难点问题和前沿问题为切入点，以任务为导向驱动学生自主探究搜集资料、分析问题和解决问题，这种教学模式取得了比较好的教学效果，学生的课堂评价提高，课程目标的达成度也有所提升。但是，这种教学方法在教学内容的广度与深度、学术性与趣味性或丰富性、团队协作与学生个性方面仍存在问题，需要进一步研究进行优化。

关键词 问题导向；研讨式；应用性

一、"比较社会保障制度"课程教学方法改革的原因

"比较社会保障制度"课程是浙江财经大学劳动与社会保障专业的必修课程，主要介绍国内外社会保障的制度设计、改革及面临的问题，并进行国内外的横向比较以及一个国家社会保障制度发展的纵向比较，以开阔学生的专业视野，掌握社会保障制度发展的一般规律，提高比较分析的能力。

基金项目：本文为浙江财经大学东方学院 2019 年度教改项目"'问题+应用导向'教学方法在'比较与社会保障制度'课程中的探索"（项目编号：2019JK10）。

* 作者简介：惠文（1990—），女，河南许昌人，浙江财经大学东方学院讲师，研究方向为社会保障。

以往的教学主要采用传统讲授式的教学模式,向学生介绍社会保障制度的不同模式、典型国家社会保障制度的设计与改革等。这种教学方式比较成体系,脉络比较清晰,但是也存在授课略显平淡、与社会实际尤其是国际改革动向联系不够密切的问题,导致学生学习兴趣不足、动力不强、课程参与度不高、获得感尤其是应用能力锻炼不够的问题。

总体而言,传统教学手段对课程的目标与学生的培养目标的完成度偏低,尤其是学生对国际社保发展改革最新动态和前言问题关注不够、对搜集不同国家社保相关数据资料的能力欠缺、分析国内外社会保障面临的突出问题的能力不足,通过国外社保制度发展批判性思考中国特色社会保障制度建设的能力有待加强(见表1)。

表1 传统教学模式下课程目标的总体达成度

课程目标	了解国际社保改革最新动态	掌握典型国家的制度模式、设计与差异	具备分析社会保障制度面临的问题的能力	具备搜集国内外社保资料的能力	能够独立批判思考中国社保发展中面临的问题
改革前的传统教学方法	L	M	L	L	L

注:L 代表 Low,M 代表 Middle。

二、"比较社会保障制度"课程教学方法改革的具体思路

针对以往教学方法中存在的突出问题以及本课程的课程目标,新的教学方法要能够激发学生的学习兴趣和主动性,并能够提高学生搜集资料、分析资料的能力,培养学生关注社保国际前言动态的意识,优化课程目标的达成度。

以"问题"为导向是比较能够带动学生的求知欲和探索欲的,尤其是结合国内外社会保障领域比较突出的实际热点问题、难点问题或前言问题。这样做的好处是:第一,可以使学习内容更加联系当下的实际,增强课程的"应用性";第二,可以使学习内容更加聚焦,以小见大,从小问题切入,引申背后比较重大的问题以及制度设计和模式的比较;第三,可

以围绕这些问题布置若干比较具体的学习任务，通过任务驱动让学生开展研讨，学生在开展资料搜集、纵横比较、分析原因并归纳总结的过程中，激发学习动力和课堂参与热情（见图1）。

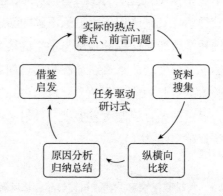

图 1 教学方法改革的思路

此外，在教学内容上本课程新增设了"域外传真"模块和"资源链接库"模块（见表2）。增设"域外传真"模块的目的是开拓学生的视野，了解社保领域最新动态，在课前 10～15 分钟由学生汇报最近一周国内外社会保障领域的新闻时事或重大改革，并对其进行点评和分析。"资源链接库"模块将主要的一些搜集国内外社保领域资料的主要网址链接等发布到相应的学习平台上，供学生查阅和学习。

表 2 教学方法改革后课程目标预期达成度

课程目标	了解国际社保改革最新动态	掌握典型国家的制度模式、设计与差异	具备分析社会保障制度普遍存在的问题的能力	具备搜集国内外社保资料的能力	能够独立批判思考中国社保发展中面临的问题
改革后的教学方法	域外传真	任务驱动研讨式	研讨式	资料链接库	研讨式
预期目标达成度	H	M	M	H	M

注：M 代表 Middle，H 代表 High。

在教学考核上，也增加并突出"应用性"和"问题导向"。除了出勤，课堂参与也占了比较大的比重，约为40%，激励学生注重课堂学习和质量。在期中考核与期末考核都采用课程调查报告的形式，由学生提出一个具体的实际问题—搜集资料—分析资料—报告,提高学生"提出问题—分析问题—解决问题"的能力。

三、"比较社会保障制度"课程教学方法改革的具体实践

(一) 课堂中选取的社保领域热点问题和难点问题

根据教学方法改革的思路,本课程开展了两轮的实践,分别是2016级劳动与社会保障专业本科生和2018级劳动与社会保障专业本科生,这两轮实践课堂涉及的国内外社保领域的热点问题见表3。

表3 两轮实践课堂研讨的主要问题

第一轮	国内外养老保险基金的可持续性研究
	国内外医疗保险基金的可持续性研究
	医保支付方式改革
	长期护理保险制度的试点与国际比较
第二轮	新冠疫情下医疗卫生体制的比较与反思
	新冠疫情下全球失业率及失业保障制度的比较
	新冠疫情下老龄化社会的冲击、影响与应对

注:医保支付方式由校外实践导师进课堂共同完成。

随着中国经济进行新常态、中美贸易摩擦升级和人口老龄化程度的不断加深等,养老保险基金和医疗保险基金的可持续发展成为2019年下半年的重要热点问题,于是2019~2020学年第一学期主要围绕养老保险基金的可持续发展、医疗保险基金的可持续发展、医保支付方式改革、长期护理保险制度的试点等热点问题展开。其中,医保支付方式改革由校外实践导师共同完成,邀请了海宁市医保局的相关负责人,把实际工作中的实际改革和问题代入课堂进行剖析。

2019~2020学年第二学期开学之际恰逢新冠疫情的暴发和快速蔓延,社会对新冠疫情带来的影响产生了极大的关注。社会保障在这次疫情中发挥了非常重要的作用,同时也暴露了许多问题。这次疫情的影响范围是全

球性的，也为我们进行社会保障制度的国际比较提供了良好的机会和视角。因此，这学期的热点、难点问题的主要有医疗体制、公共卫生体系、失业问题及保障、人口老龄化及应对的国际比较。

首先，医疗卫生体制的国际比较。此次新冠疫情对医疗卫生的冲击是非常大的，各国由于体制、资源、技术等差异导致在治疗上有很大的差异，让学生就现实问题进行资料搜集和分析，可以极大地提高其应用分析能力。在这个议题下，选择若干典型国家如中国、新加坡、美国、意大利、英国、德国、俄罗斯、日本和韩国进行横向比较，对这些国家的疫情发展的梳理、医疗资源的比较、医疗保障制度的设计、医疗卫生投入等方面进行分析。

其次，这次新冠疫情导致经济衰退，伴随而来的是失业率的攀升。保就业是各国政府的头等大事。让学生关注就业问题并对就业保障制度进行思考是非常有必要的，对各国失业率、失业保障制度、稳就业的支持政策等进行梳理和比较。

最后，老年人是此次新冠病毒最容易攻击的对象，各国的老年人占死亡人数的比例较高，这对观察各国老龄化提供了可比的视角。课堂中主要对各国老龄化的程度、老龄化带来的影响、各国应对的措施进行梳理和分析。

（二）课堂研讨情况

课堂研讨采用小组协作的方式，通过资料搜集、整理和展示，小组内部根据自己小组和其他小组的展示，对不同典型国家和不同模式进行综合分析和比较，找出模式与制度之间的差异，然后分析原因，再结合中国的情况进行有批判性的借鉴。从两轮实践课堂的实施来看，4~6 人进行组内讨论并形成讨论记录表，课堂氛围比较活跃，学生的投入比较高。

（三）域外传真模块实施情况

课前的"域外传真"每个学生都有一次机会分享其所关注到的当期社保领域的国内外新闻时事，两轮下来共 73 人次的展示和分享，涉及日本、英国、俄罗斯、澳大利亚、中国、美国等国家的医疗、养老、长期照护、救助、慈善、失业、工伤、儿童福利、残疾人福利等最新政策、改革、案例等，内容非常丰富，极大地开拓了学生的国际视野，并养成了关注社保最新动态的习惯。

（四）期末考核分析报告情况

这两轮的期末考试都采用了"问题＋应用"导向的分析报告，由学生提出一个问题，然后跟老师讨论，接着搜集资料，分析资料和完成报告。这个过程是学生运用国际比较的视角和分析的方法的终极检验。整体来看，经过课前的域外传真以及课堂的问题探讨，学生的分析报告质量还是比较高的，选题也很多样化，涉及中美失业保险制度及疫情下失业情况比较、中国民营医院的生存危机与国际比较、疫情下中韩就业困境及纾解措施、伊朗的宗教信仰和医疗系统在疫情应对的作用、国内外慈善组织在疫情中发挥的作用等。

四、课程教学方法改革的效果与学生评价

经过两轮的实施，"问题＋应用导向"研讨式的教学方法还是得到了学生的认可，学生活跃了起来，对课堂的综合满意度也有所提升。学评教综合得分由实施前的 93.7 分上升到了第一轮的 95.74 分和第二轮的 95.97 分。

为了得到学生真实的获得感和课堂主观评价，在第二轮实施结束和考试成绩提交后，对所有选课学生做了一个课堂效果的匿名调查，主要围绕教学内容是否紧密结合社会实际问题，"域外传真"模块的帮助、课程的收获。

将近80%的学生认为教学中探讨的问题与社会实际问题结合度"非常紧密"，20.70%的学生认为结合"紧密"（见图2）。由此可知，教学内容紧贴社会实际问题，尤其是当下突出的热点问题和前言问题。

"域外传真"模块总体上对学生的帮助还是比较大的，82.76%的学生认为"帮助很大，了解了专业的社会时事问题"，有 72.41%的学生认为"帮助很大，老师的点评加深了对问题的分析"（见表4）。

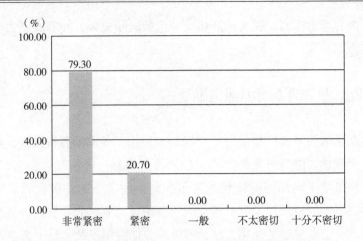

图 2　教学内容与社会实际问题结合的紧密程度

表 4　"域外传真"模块对学习的帮助

帮助很大，了解了专业的社会时事问题	82.76%
帮助很大，老师的点评加深了对问题的分析	72.41%
帮助一般	3.45%
没什么帮助	0.00%

　　从学生的学习获得感来看，呈现右偏峰度的分布态势，平均分基本在 92 分（百分制）。在是否拓展了国际视野和是否提升了专业领域社会保障问题的关注度上，有 96.5% 的学生给出了高于中位的评分；几乎所有的学生都对通过课程学习加深了国际比较下对中国社会保障问题的认识给出了均值以上的评分；约有 93% 的学生对提升了搜集国外资料的能力和提升了比较分析的能力给出了中位以上的评分（见表 5）。

表 5　学生的学习获得感评分

选项	1 分	2 分	3 分	4 分	5 分	平均分
拓展了国际视野	0%	0%	3.45%	34.48%	62.07%	4.59
提升了专业领域社会问题的关注度	0%	0%	3.45%	31.03%	65.52%	4.62
加深了国际比较下对中国社会保障问题的认识	0%	0%	0%	27.59%	72.41%	4.72
提升了搜集国外资料的能力	0%	0%	6.9%	27.59%	65.52%	4.59

选项	1 分	2 分	3 分	4 分	5 分	平均分
提升了比较分析的能力	0%	0%	6.9%	34.48%	58.62%	4.52
小计	0%	0%	4.14%	31.03%	64.83%	4.61

综上，通过教学过程、学生的反馈以及学生的学习成果来看，教学方法改革后对课程教学目标的达成度还是高于预期的。如果学生评价或满意度在 90 分以上为达成度比较高的话，由表 6 可以看出，改革后的实际教学目标达成度基本都是比较高的。

表 6　教学方法改革后课程目标实际达成度

课程目标	了解国际社保改革最新动态	掌握典型国家的制度模式、设计与差异	具备分析社会保障制度普遍存在的问题的能力	具备搜集国内外社保资料的能力	能够独立批判思考中国社保发展中面临的问题
改革后的教学方法	域外传真	任务驱动研讨式	研讨式	资料链接库	研讨式
实际目标达成度	H	H	H	H	H

注：H 代表 High。

五、课程教学方法改革的不足与反思

虽然经过两轮的课堂实施，"问题＋应用导向"的教学方法取得了相对不错的教学效果，但是依然存在一些问题和不足，需要进一步优化研究和解决。

一是教学内容上，在有限的课时里，专题研讨与知识体系完整性的平衡、知识的深度与广度的平衡。在有限的课时里，如果采用专题研讨式往往不能将所有的社保制度项目都涉及，一般只能涉及三四个专题或研讨的问题，而且引入社会问题一般都比较具体，这通常意味着很难将社保制度体系如养老保障、医疗保障、工伤保障、失业保障、生育保障、长期照护保障、社会救助等都进行讲解或介绍，问题探究得深入了就要牺牲掉部分广度。这个平衡度需要进一步优化，在问题的选择上尽可能兼顾到广度，这个就要对问题进行优化，选取若干比较综合的问题，分解为若干子问题，如可以从养老制度、医疗制度或生育制度进行分析，在对子问题的分析中拓展广度。

二是课堂的学术性和课堂的趣味性或丰富性的平衡、学生探究与教师指导的平衡。"问题导向"下的探究式学习，主要以分析问题和解决问题为主，会比较偏学术，学生是学习的主体。但是这样课堂的趣味性就会减弱，教师的角色尤其是"指导角色"也需要优化。课堂的趣味性或丰富性可以在问题导入、小组点评、教师指导拓展延伸时进行注入，需要教师进一步加强知识储备、课堂准备、课堂随机应变能力，同时可以在小组任务里加入典型国家相关的文化、地理或历史的介绍来增添课堂的趣味或丰富性。在小组探究中，采用比赛的模式来活跃氛围。

三是小组协作研讨式学习模式下学生参与的广度与深度的激励与评价。课程采用小组探究协作式学习方式，有时会出现个别学生"搭便车"或者融入度不高的问题。这一方面需要课堂指导时引导学生加入讨论，另一方面在成绩评定时采用组内互评的方式，对组内贡献度做一个区分，具体方法仍需进一步研究。

参考文献

［1］马晓璐，王红伟．基于问题导向的会计课程教学方法研究［J］．中国乡镇企业会计，2020（9）：230 - 232.

［2］陈娟．探究式教学模式的构建与实践［J］．西北成人教育学院学报，2020（5）：44 - 47.

［3］王颖，袁康，郭军林等．"任务驱动法"在高校"计算机辅助设计"课程中的应用研究［J］．教育教学论坛，2020（43）：247 - 248.

规范多媒体教学的探索与实践

——以"劳动社会学"课程教学为例

夏 磊*

摘 要 随着多媒体教学软硬件的普及，特别是互联网的兴起，多媒体不仅成为人们沟通交流的工具，更是学校开展教学的重要手段，学校教学过程中对多媒体的应用变得不可或缺。多媒体教学在教学过程中的诸多优点被广泛地认可，但在具体的教学实践的过程中通常缺乏统一的规范引导和认识，反而会使教学工作效果不明显，甚至成为教学水平提升的障碍。本文从现阶段多媒体教学的内涵特点及课程教学的基本情况出发，发现和分析多媒体教学过程中存在的问题或阻碍，并提出多媒体教学实践中的一些对策建议，对多媒体教学质量的提升提供支持。

关键词 规范；多媒体；互联网；教学

进入 21 世纪以来，随着计算机互联网的兴起，以及学校课堂教学改革的不断推进，有别于传统教学的多媒体教学的发展非常迅速，已经成为学校课堂教学中不可或缺的部分。特别是"互联网＋"时代的快速到来，使得当前的多媒体教学内涵更加丰富。但在现实的教学实践过程中，多媒体教学的主要参与者教师和学生，无论是对于多媒体的教学内涵的理解，还是具体教学形式的运用方面都存在一些偏差，多媒体教学缺乏较为统一的规范和认识引导，因此在具体教学实践中还会存在一些普遍性的问题。

基金项目：本文为浙江财经大学东方学院一般教学改革项目"规范多媒体教学的探索与实践"（项目编号：2015JK06）。

*作者简介：夏磊，浙江财经大学东方学院讲师。

一、多媒体教学内涵和特点

多媒体教学通常指的是在教学过程中，根据课程教学目标和教学对象的特点，通过有系统针对性的教学设计，合理地选择和运用现代教学媒体，如视觉媒体、听觉媒体、交互媒体等，同传统的教学方式有机结合，将知识通过多媒体传递给学生，从而形成合理的教学结构，最终达到较好的教学效果。

多媒体教学的基本特点包括：集成性，可以将文字、图像、图形、动画等多种信息有机地结合到一起，多角度地调动学生的兴趣；交互性，学生有了更多参与的可能和条件，可以更方便地进行人机交互，更加主动地选择参与和接受；易扩展性，可以通过外部设备的挂接，实现控制、数据交换、接受等功能；智能性，通过教学软件或平台的应用，使教和学的界面及功能更加直观、方便、人性化，可以实时地掌控教学的进度和学习情况；重复性，教学的内容和资源可以重复使用，特别是入网后可以反复地观看学习，解决了时效性的问题；容量大，教学的内容和课程扩展的信息可以不受时间和空间的影响，增强了知识的可及性。多媒体教学除具有以上特点外，其在可控性、开放性等方面的特点也较为明显。

二、"劳动社会学"课程多媒体教学的现状

（一）课程教学基本平台

课程主要结合多媒体教学的特点，进行线上和线下教学。线上平台主要利用云班课平台，云班课平台是移动信息化多媒体教学工具平台，平台是一种模块化设计，主要包含资源、成员、活动、消息等几个模块（见表1）。其中资源和活动为使用频率较高的核心模块，课程教学主要围绕这两个模块展开。资源可以线上重复观看，活动可以线上完成。

表1　云班课平台功能模块

功能模块	主要功能
资源	1. PPT、WORD、PDF、电子书等文档 2. 音频、视频、图片、网页链接等 以上可上传平台备用，并可选择适时发布
成员	1. 查看加入班课成员，可给成员分组 2. 查看成员学习情况 3. 成员出勤统计（可选一键、手势、密码、限时签到）
活动	1. 作业/小组作业（主观题）、测试（选择题） 2. 头脑风暴、投票/问卷 3. 轻直播、答疑/讨论
课堂表现	1. 举手、抢答 2. 随机选人、手动选人 3. 小组评价
消息	1. 推送课程相关通知 2. 接收 AI 课程反馈 3. 师生私信交流
详情	1. 课程学习要求、教学进度、考试安排 2. 操作记录、课程结束、复制或删除
导出/报告	1. 班课数据和教学报告 2. 学生学习报告与平时成绩 3. 各项得分在平时成绩中的权重设置
教学包	可以将教学资源和活动发布在教学包专区，便捷分享给其他老师，建立起与他们的课程交流

　　课程的讲授主要由老师线下平台授课完成，线下平台多媒体教学主要利用教室的投影设备结合课程的 PPT 进行讲解，利用教室的多媒体电脑播放一些资料、影像等，进行即时知识信息传递，同时线下授课过程中的资料也可以上传至云班课资源供复习参考。除此之外，一些小组活动或作业需要线下完成，如小组的作业或调查汇报、小组之间的辩论等。

（二）课程基本教学安排

　　该课程是劳动与社会保障专业的专业选修课程，课程共 32 个课时。它是揭示劳动社会的结构、功能及其运动规律的一门社会学分支学科。

因此课程的教学过程中主要以理论教学为主，实践教学为辅。课程教学的过程中以依托"互联网 +"背景下的多媒体教学为主要手段，借助目前教学过程中比较受欢迎的"云班课"App 进行基本的线上线下混合教学（见图 1）。

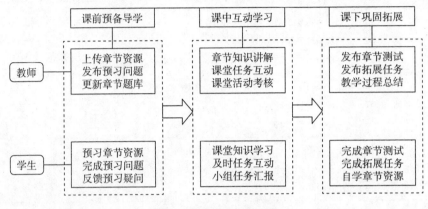

图 1　课程基本教学安排

以上三个环节主要借助教学多媒体设备及云班课平台进行线上和线下的互动教学，其中"课前预备导学"中上传的资源主要通过云班课平台上传至云班课资源模块，主要包括：每次课程章节 PPT 课件、课程章节相关的网页链接、视频、图片、电子书等内容，根据课程进程可选择适时发布给学生；发布预习问题，可以是章节主题相关的头脑风暴、讨论或者投票问卷等；章节题库更新，主要是将章节涉及的知识点设计成题目，以客观题为主，上传到云班课课程对应的章节题库；"课中互动学习"主要以教师讲解为主，同时利用云班课课程中的课堂表现、头脑风暴、投票问卷等功能，在教学的同时与学生互动；"课下巩固拓展"主要是利用云班课的测试功能，将已上传题库中相应的章节题目制作成课后自测复习任务推送给学生，同时利用上传到资源模块的课外知识或拓展阅读拓宽课程学习范围。

（三）课程基本考核形式

本课程综合考核学生在整个教学过程中的表现，包括学生的出勤情况、学习态度、课程教学项目的完成情况、理论知识考核等。课程结束后总评成绩将学习过程和学习结果结合起来进行综合评定，改变传统单一的书面考核形式。课程过程性的综合评价方式最终成绩的形成包括：平时成绩（50%）＋期末成绩（50%）（见表2）。

表2　基本考核安排

平时成绩				期末成绩
考勤	互动	主/客观作业	课堂表现	50%
10%	10%	25%	5%	

（1）考勤旷课一次平时成绩基数降为50，旷课两次基数为0，旷课三次直接取消考试资格。考勤不单独计算分值，只作为平时成绩核实基数。请假必须事先说明且有依据，并按时完成作业。

（2）作业、互动、课堂表现主要通过教师布置的作业及学习的积极性进行考核。主要通过云班课任务布置和互动，作业包括主观题、客观选择题；互动包括头脑风暴、投票、答疑等；课堂表现包括举手、摇号、被教师点赞等。

（3）期末考试主要以开卷为主：以期末课程论文、期末课程作业或报告写作为主要考核形式。

三、"劳动社会学"课程多媒体教学存在的问题

（一）师生对于多媒体认识上有误差

对于现代的多媒体教育技术的理解，教师和学生通常认为，用了有别于传统课堂的先进的教学设备和软件，改变了教学呈现的方式方法就是现代的多媒体教学了，他们认为只要是使用先进的教学手段，教育思想就先进了，教学效益理所当然地就会高。教师还认为既然教学理念是新的，那么在这种崭新思想与手段配合下的教学效果肯定会很出色，所以在教学设计时，过度依赖多媒体①。在对该课的问卷调查中，有83%的学生比较依赖PPT、视频，因此教师在软件平台摸索、具体课件制作、视频剪切、资

---

① 纵芳. 多媒体教学中存在的问题 [J]. 文学教育·中旬版，2010（6）.

源上传维护的过程中，花费了大量的实践和精力，舍本逐末的情况比较明显，特别是在课件制作的过程中，集成了大量的声音、图像、文字等信息，一般都会花费教师大量的时间和精力，虽然极大地刺激了学生的视听感官，对于吸引学生的注意力、提升兴趣有帮助，但过度的使用使得学生形成依赖，可能会潜意识里选择性忽视教师讲授的过程，反而不利于学生的听讲和思考。如果是这样的多媒体教学显然是不成功的，反而变成教学技术的展示，已经偏离了教学的目标。

（二）教师不能正确地利用已有资源

随着我国教育事业的不断发展，教学改革的不断深入，在获取教学资源方面的途径和方法也变得越来越多，有很多可以借鉴的资源和教学的经验。一是在课件资源方面，很多教科书有配套的课件，或是已有学者制作和设计出比较成熟的课件，因为课件的制作和设计都有各自的教学风格和思想，在借鉴使用的过程中没有自己独立课程思想体系指引，盲目地借鉴和模仿，导致课件内容涣散，教学重难点难以把握。有的教师直接忽视同行已有优质资源不用，自己大费周折去重新制作，在怎样把传统的教学知识搬到课件上，并且做到美观、整洁等方面花费了大量时间，效果也不是很理想。二是一些课程在大学慕课、学堂在线、好大学在线、腾讯课堂等平台已有精品的在线开放课程，课程从设计到具体资源都相对比较完善，可以很好地借鉴，但在实际的教学过程中很多时候不太会去利用，有些课程鉴于教学改革的要求，才会涉及这些资源的利用，有的课程甚至拍摄视频自建在线课程，放弃已有的在线精品课程，费时费力，实际使用效果有待商榷。三是课程需要的一些教学素材，如图片、视频、案例等，平时不太注意收集和整理，用的时候临时寻找，导致素材质量一般、学生反响一般。

（三）课程考核机制的有效性存疑虑

课程的考核机制是一门课程非常重要的一个闭环，传统的考核更加注重课程最终的考核，而融合了互联网教学平台的多媒体教学，更加注重过程性的考核。过程性考核的过程中，必然会考虑到课程多个环节在课程最终成绩中的组成以及比重，如依托云班课的考勤、课堂的表现、小组的作业、随堂作业、小组的汇报、课堂的互动等，总的来说，每个环节都是最终成绩的组成，但在具体的操作过程中也会有一些问题存在质疑，比如课堂表现需要学生积极举手回答，但是由于性格差异，这个环节中比较内向的同学不太会有得高分的机会；课程小组作业或汇报设置的目的是互相协作共同完成任务，但"搭便车"的情况经常存在；随堂作业或是课后作业通过平台可以网络提交电子作业材料，从实际的效果来看，作业的质量和作业及时完成情况都较好，但是具体的作业内容有很多存在抄袭的嫌疑，且线上的这种多媒体教学更方便了抄袭行为。就课程最终考核班级的成绩来看，在实施线上线下多媒体混合教学后整体的成绩较实施前的确提高了。但是诸如前面所述，考核的有效性还是存在疑问。

（四） 师生情感交流的实时性有不足

现代的教学理论认为，知识的传授和思想感情的培养是相辅相成的。平时教学过程中面对面地交流中的眼神、手势、表情等都是教学过程中师生沟通的重要的元素组成。当下依托互联网平台的多媒体教学，更多的是对教学的整个环节进行统筹安排，在这个过程中很多传统的课程中的元素被拆分或替代，如电子课件被大量的应用，师生对于课件的依赖明显；很多教学资源被上传到平台由学生自学完成，师生实时交流变少；有些课程有一部分的线上学习的课时，线下讲授课时和内容被压缩，师生面对面教学时间变少；私下答疑交流，也被线上的平台的功能替代。可见很多教学环节跟着流程走，特别是被网络平台替代的一些环节，使得师生之间情感交流的实时性不足凸显。

四、完善多媒体教学的一些对策建议

（一） 规范多媒体教学的引导培训

在课程教学开展之前，教学部门需要明确多媒体教学流程中各环节通用的标准规范，避免盲目地使用多媒体教学工具，引导教师合理安排教学。如在明确课程教学目标的基础上，进行课件的制作要求和格式规范、网络平台的基本操作规范、图片视频的规范等方面的引导培训：一来是便于梳理规范教学各环节；二来是规范引导有利于最终教学资源及模式的整合，便于课程建设或专业建设的积累。与此同时，也要做好学生的引导培训，课程教学前要向学生明确教法学法，以及考核的基本方法，特别是依托互联网平台的多媒体教学，需要引导学生如何使用平台的基本功能、如何参与平台的互动或答疑、怎样完成提交平台上的作业等。由于有别于传统教学课程作业安排，在依托多媒体网络平台的作业考核上引导要明确考核的标准、形式，以及提交材料的规范。

（二）梳理完善课程教学的资源库

课程资源的梳理和利用，对师生来说都是非常积极有益的。课程资源主要包含了教科书、报纸新闻、书籍、视频影像、文献资料、试题库、相关网站、实务部门等。例如教科书的选用上一定要根据课程设置目标和学生的特点来选择，确定课程章节主题内容，可能会涉及几本教材的内容，适应教学需求可以尝试编写符合课程多媒体教学需求的教材；报纸新闻也要根据章节的特点和需求，做好积累、分类和更新；推荐的书籍可以做一个基本的导读简介，根据章节的需求推送给学生学习，如有硬性阅读要求，可根据内容设置考核点，以客观题为主；视频影像资料需要及时地收集分类，特别是要利用好线上慕课平台上的教学视频资源，对于需要线上学习的教学视频，最好要针对视频内容做好相应的试题考核；特别是针对线上线下的课程题库建设的过程中要根据章节知识点针对性地增加客观题的数量；课程相关的网站也是拓展学习资源的重要途径，可在学习的任务设置时考虑加入进去；除此之外，若有可能，可以将实务部门的资源引入教学中，如课程中引入实务部门人员作为"校外导师"参与到课程相关章节内容的教学中，或者走访了解实务部门与课程任务结合起来。当然，除以上提到的资源外，还有很多资源需要在具体的教学实践中不断地摸索积累。

（三）优化考核形式选择及标准设置

近年来，过程性的评价越来越受到推崇和欢迎，很多课程的教学改革中，也将过程性的考核作为必选项。过程性考核的教学改革对提高教学质量起到了良好的促进作用,有能够调动学生自主学习的积极性、及时评价学生的过程学习效果等诸多优点。但也并非所有课程都适用过程性考核方式,即便一门课程适合过程性考核,也不能完全套用其他过程性考核课程的模式,具体应结合人才培养方案、教学定位或功能、课程性质及课程标准等综合考虑①。因此在过程考核过程中教师需要充分地了解考核的初衷和核心;考核的形式可以多元化,但一定要明确评价的标准,做到公平、公正;考核的过程中要注意知识、能力、素质三个维度的考核设置;作为考核形成的重要基础,考核的过程中要有相应的依据和记录,同时也为课程的总结分析提供必要的素材。

(四) 合理规划课时安排

有别于传统教学,近些年的教学改革中越来越重视互联网的作用,线上线下的混合式的教学改革成为趋势,在教学课时的安排上,线上的课时占有一定的比重,线下课时在一定程度上被压缩。与此同时,在具体的教学实践过程中,课程的实践教学环节也越来越受关注,因此实践教学的课时安排也成为很多课程的必选项。但事实上,并不是所有的课程都适合盲目地从线下搬到线上,从理论课时盲目转向实践课时。在这一过程中,要充分地考虑课程的性质、课程在专业课程体系中的位置及作用。例如,很多学科基础课程主要以理论学习为主,且需要一定的教师课时量的讲授保证,很难简单地通过压缩理论课时,或者增加实践课时,来完成课程的教学目标;有的课程虽然适合穿插实践课时,但由于实践课时安排过多,导致理论课时局促草草收场、实践课时充足无法安排的矛盾现象。因此,合理规划课时安排对于教学来说同样非常重要。

参考文献

[1] 纵芳. 多媒体教学中存在的问题 [J]. 文学教育·中旬版,2010 (6).

[2] 吴键. 过程性考核存在的若干问题 [J]. 锋绘,2018 (7).

[3] 李囡囡. 基于蓝墨云班课的线上线下混合式教学模式的探索与实践 [J]. 安徽农学通报,2017 (20).

[4] 董英娟,王峰等. 基于蓝墨云班课的线上线下混合式教学模式探索 [J]. 电脑知识与技术,2020 (6).

① 吴键. 过程性考核存在的若干问题 [J]. 锋绘,2018 (7).

应用型人才培养模式下"财经文案写作"课程改革的实践与思考

——以浙江财经大学东方学院为例

黄晓燕[*]

摘 要 本文从大学课堂应用型教学改革出发,以"财经文案写作"课程改革为例,阐述了目前"财经文案写作"课程的现状与面临的问题以及分析课程面临问题的原因,提出改革课程的思路。通过校内外导师参与、真实企业合作、实现学生从课堂学习到实际能力的转化,达到培养学生应用能力的目的。

关键词 实践教学;企业合作;应用型改革

"财经文案写作"的实验教学在教学理念上以教师为主导,以学生为主体。教学环境上创立了情景实验室,教学手段上大量使用多媒体在线教学。教学方法上采用"头脑风暴"式集体讨论、企业实地参观。教学模式上采用"问题—发现"模式。课程设计上遵循"教师输入、师生共同输入、学生产出"的原则。教学评估上引入能力测评,结合作业、实践、实习综合测评学生对知识的理解运用能力(王焕玲,2014)。实践训练教学是掌握文案创造思维的重要手段。在教学过程中的实践训练包括布置情境写作、自我检验和完善环节、优秀作品讲评和提升环节,以提升学生理论和实践水平(吴剑辉,2005)。"财经文案写作"作为明显带着功利目的的应用性教学写作,本质上是一种操作性的学科,具有鲜明的"术"科特征。"财经文案写作"终究要解决写给谁看、写什么、怎么写、怎样才能写得好这一系列问题。"财经文案写作"课程必须克服课堂教学以教师为

---

* 作者简介:黄晓燕,浙江财经大学东方学院教师。

中心传授理论知识的通常教学模式，代之以学生为中心，课堂互动、讨论讲评式相结合的教学模式（张帆、刘建萍，2007）。"财经文案写作"在教学过程中不仅要结合实际问题指导学生掌握相关概念与理论知识，更重要的是使其掌握相关理论知识在解决实际问题过程中的运用方法。在教学内容和课程活动中培养学生运用广告学、市场营销学、消费心理学等理论知识解决文案写作实际问题的能力和方法（曾锐，2009）。

基于以上研究与应用，结合"财经文案写作"课程的教学目标与教学内容等，笔者在该课程中尝试从培养方案改革、校内外教师合作、实践平台搭建、合作企业参与等方面进行课程的应用型改革。

一、引 言

随着知识时代的不断推进，教育部对高校应用型人才培养工作越来越重视。2016 年我国政府工作报告指出："要促使高校教学水平及创新能力不断提升，促使高校逐渐向应用型转变。"在我国的"十三五"规划纲要中也明确指出要积极推行课程内容、教学方式与生产实践相互对接。而应用型人才主要指的是在市场需求的前提下，可以实现所学知识与工作实践的相互结合。

因此，如何让本科高校在人才培养的过程中接轨行业，让学生在大学课程中就能将所学运用到企业实践中去？在大学课程中如何引进企业项目和行业技术人才一直是我们思考的难题。

"财经文案写作"课程是一门应用型较强的课程，其内容涉及市场调研、为用户写作、解决财经活动中的实际问题，目的是通过课程培养学生写作应用能力和面对市场的能力。本文以"财经文案写作"课程的应用型改革为例来探讨高校应用型人才培养模式。

二、目前"财经文案写作"课程存在的问题

（一）在写作认知上存在误区

调研发现，50% 以上的大学生对"财经文案写作"存在一定的认知误

区，把"财经文案写作"的要求类同于文学作品的创作，因此常常用文学创作的思维方式去进行财经文案的写作，结果达不到市场对文案目标的需要。所写的文案只注重语言的对仗、语句的美妙，而忽视文案在财经活动中实际需要产生的效果。

（二）课程重视度不够

"财经文案写作"课程的学习者是税收学专业学生，学生对课程的重视度不足，在写作方法和写作技巧掌握方面缺乏一定的基础，基本上所有的学生在学习该课程前都没有接触过文案写作。

（三）课程讲授重理论、轻实践

"财经文案写作"课程的重点在于实践，但目前大部分"财经文案写作"课程缺乏实践环节，通常教学安排都是以理论教授为主，偶尔穿插教学案例，其中的实践环节也是教师设计的实践，学生写作与市场实际有一定脱节。学生不能正确理解"财经文案写作"课程的性质及其与相关学科的重要关系，写作内容无法实现市场目标。

三、分析"财经文案写作"课程问题产生的原因

首先，学生缺乏对市场的认知和了解，由于整个教学过程缺乏实践参与，学生不能够从实际应用出发正确认识"财经文案写作"的目标、内容和写法，在写作方法上无法掌握实质，只能以文学写作的方法应付了事。

其次，学生缺乏实践写作的平台，学生实践写作的作品无法得到市场的反馈和验证。由于难以找到对口的产学研企业进行合作，学生在校内无法参与实践，在进行课程作业的时候缺乏独立思考能力和一定的激励。

最后，授课教师自身没有财经实践写作经验，无法在实践环节对学生给予指导。由于授课教师本身没有行业从业经验，在授课的过程中很难结合行业需求和实践操作过程来讲授，导致课程的应用型脱节。

"财经文案写作"是带着明显功利目的的应用性写作，本质上是一种操作性学科。"财经文案写作"教学目的是要解决"写什么""怎么写"

"如何写好"等一系列问题，从而培养学生对课程的兴趣，激发其创新和创造精神。"财经文案写作"需要克服课堂教学通常以教师为中心传授理论知识的教学模式，取而代之的是以学生为中心，课堂互动、讨论讲评式、企业参与相结合的教学模式。

四、"财经文案写作"课程应用型改革对策

（一）培养方案中增加实践课时，搭建实践教学平台

（1）增加实践课时的数量。培养应用型人才，提高学生的文案写作能力，必须调整专业人才培养方案，增加"财经文案写作"课程课内实践时数。在制订培养方案时，实践课时与理论课时比为1:1，要保证实践课时的数量，同时为了确保实践教学环节能够被执行，需要撰写详细的课内实践大纲。

（2）提高授课教师的实践能力。应用型课程在授课时对授课教师本身的实践能力有所要求。培养应用型人才，首先教师自己要有实践应用能力，鼓励授课教师进入行业，担任行业顾问，利用专业知识服务企业，同时收集行业案例为更好地授课服务。同时课程可以引进行业专家作为实践导师参与授课。本课程由校内教师与行业专家合作授课，同时校内专家有挂职公司做文案顾问一年的经历，行业专家有"财经文案写作"近十年工作经验。

（3）搭建课程校外实践平台。"财经文案写作"能力的培养不仅需要理论知识的传授，更需要学生能够在实践中练习，因此学校和教师应该为学生搭建良好的校外实践教学平台。以往在搭建校外实践平台的过程中，企业参与的积极性不高，实践平台往往流于形式。此次"财经文案写作"课程在实践平台搭建的过程中，基于学生的能力水平匹配度与企业的需求，引进电商公司进行合作。由电商公司提供产品信息、用户人像数据，学生根据这些优化详情页文案，优化的文案可通过页面上线测试，根据多维度数据反馈来评定学生的成绩，有正向作用的详情页面会被电商公司使用，同时支付学生的写作薪酬。这样的合作一方面学生通过实践活动能够真正走出校园进入行业，了解到行业对学生写作能力的需求，从而能够及

时调整自己的学习方法，更好地将课堂上的理论知识融会贯通，也更早地适应社会的需求；另一方面对于企业来说，吸引他们的是用更少的人力成本来实现公司文案的优化，只为有用的正向文案付费。

（4）构建合理的实践环节考核。在以往的校内外实践环节，对于实践成绩的考核往往比较难以量化操作，经常凭教师的感觉给分，而在"财经文案写作"课程的实践环节，因为有合作企业，所写的作业为合作企业确实有需求的文案，所以由合作企业来评估作业，对选中的作业合作企业方会应用到实际中，根据实际的文案点击率转化率来付费，而学生实践作业的给分也按照企业实际应用的成果来转化得分。

（二）课程教学内容上的应用型改革

其一，增加其他相关学科的内在联系。通过增加其他相关学科的内在联系，使得"财经文案写作"课程内容不只局限于文学创作，而与市场学、统计学、消费心理学等学科联系起来，由这些学科来支撑"财经文案写作"，指导学生进行自主学习，从观念上改变"财经文案写作"与文学创作的认识，在基于市场调查、产品特征、消费人群特点的基础上进行文案写作，引导学生把文案写作与产品、市场、消费者需求等结合起来，注重培养学生科学的思维习惯、意识和方法。

其二，在教学中将理论与实践相结合解决实际问题。在教学中理论知识以"必需、够用"为原则，不求系统，减少枝蔓，以能解决实际问题为度。根据杜威"做中学""学中做"的教育思想，结合合作企业定制实践课程活动，以生动活泼的实践课程活动来提高学生的学习兴趣。在理论教学中重视应用导入，通过实际问题引出理论，通过经验知识解决问题，师生互动导出结论。并把解决过程总结成学习方法，来解决"财经文案写作"实际问题与理论之间的差距，从而更好地掌握相关理论在解决实际问题中的应用方法。

其三，实行校内外导师相协作的教学。校内外导师从培养方案制订、理论实践项目安排、教学模式、教学方式等多方面合作商定。以案例教学法，帮助学生理解和掌握课程相关理论。因为该授课课程的学生主体为专升本的学生，校内外导师在教学方法的选择上，结合学生学习特点，以案例教学法来进行教学。校内导师在理论教学的时候以案例分析为主，帮助学生理解和掌握理论。校外导师在讲授的时候，以实践操作为主，通过学生实践操作写作的过程，让学生体验到写作的整个过程，从而转化为具体的写作能力和经验。

其四，在"财经文案写作"课程内容教学过程中，结合合作企业的实际特点来开展。在文案写作教学的过程中按照实际应用的过程来教学，如以合作企业电商详情页文案写作为例，文案教学写作按照分析产品标志性特征、满足客户需求、描述应用场景三部分来教学。以小组讨论的方式完成标志性特征的分析，用合作企业提供的数据来了解用户形象，并根据用户形象来推测客户的需求，再基于标志性特征和用户形象以用户熟悉的语言来描述产品应用场景。以这个案例来总结财经文案写作的方法和步骤：开展市场调查分析—产品调查分析—消费者调查分析—进行市场定位—进行产品定位—进行文案定位—确定文案主题—根据主题撰写文案。

（三）通过企业真实案例项目，提高学生课程参与积极性

（1）提供真实案例与反馈建立综合训练项目。由合作企业提供真实的文案写作需求，并提供产品的基本信息、市场情况、用户人群画像。在课程中形成小组，以项目的方式进行文案写作实战训练。该项目的成果作为学生一次实践作业，由校内教师和合作企业一起评估成绩，优秀的文案将被合作企业应用于实际市场中，并对该文案的效果从停留时长、流失率、转化率、加购率、竞争力多个角度进行评估反馈。对于有实际提升效果的文案，企业支付一定的劳动报酬。这样的项目合作方式，让学生从课堂走向市场，比教师人为设计的实践作业更具实战性和挑战性，也更能提高学生的积极性。由于项目来自真实的企业，项目有市场价值，同时项目本身的实用性也会强化学生的学习动机。

（2）学生作业围绕真实企业来开展。学生作业可以在教师的带领下围绕真实企业的提升需求来开展，如品牌故事、品牌页面、企业公众号、活动策划书、品牌视频脚本等。课程作业根据课程的需求将文案思维、沟通艺术、信息获取、文案写作、图文结合等知识点融入每一次实践作业中去，让学生在实践过程中真正有所提高。

（3）对于优秀学生提供暑期实习和日常兼职的机会。为了更好地鼓励学生参与到课程中并为合作企业输送优秀人才，与合作企业商定但凡在课程作业中表现优秀的学生均可获得暑期合作企业实习和日常兼职的机会。一方面合作企业可以通过这样的方式吸引到合适的人才，另一方面实习和

兼职机会也能够激励学生更好地投入到该课程的学习中，真正对课程有兴趣且有能力的学生，也可以通过实习实现知识向能力的转化，真正实现学以致用。

五、结语

对于应用型课程来说，教学改革的重点是逐渐将教师为主体转变为学生为主体，尽可能多地增加企业和行业到课程中的参与度，并尽量把真实的企业项目、案例、需求等运用到教学过程中，在教学方法中能够更多地用启发式、讨论式、探究式。在授课团队中可加入行业专家，并根据课程的实际特点以及职业能力的实际需求，开展有针对性的实践教学设计，从而改善以往的传统教学方式，依据学生、学校与社会的实际情况制定科学的教学方式。

综上所述，随着时代的发展，有关高校的应用型改革已经开始逐渐成为人才质量培养的关键。课程的改革需要紧跟市场灵活地依据实际要求进行构建，从而培养满足岗位需求的高水平与专业素质的应用型人才。

参考文献

［1］曾锐．基于市场营销理论的广告文案写作教学研究［J］．教育与职业，2009（36）．

［2］赵志期．职业教育与培训学习新概念［M］．北京：科学出版社，2013.

［3］吴剑辉．广告文案写作教学探析［J］．商业经济，2005（9）．

［4］王焕玲．论应用型本科汉语言文学专业写作类课程教学［J］．教育与职业，2013（35）．

［5］张帆，刘建萍．《广告文案写作》教改初探［J］．福建论坛（社科教育版），2007（S1）．